叶名琛祖籍地江苏省溧水县叶家村

原来如此

叶名琛传

诸荣会/著

■填补一项人物传记的空白

■平反一件沉积百年的冤案

■重叙一段波谲云诡的历史

■还原一个注定失败的英雄

百花文艺出版社
BAIHUA LITERATURE AND
ART PUBLISHING HOUSE

图书在版编目（CIP）数据

原来如此：叶名琛传/诸荣会著. —天津：百花文艺出版社，2012.1
ISBN 978-7-5306-5978-6

Ⅰ.①原…　Ⅱ.①诸…　Ⅲ.①叶名琛(1807~1859)—传记　Ⅳ.①K827=52

中国版本图书馆CIP数据核字（2011）第232683号

百花文艺出版社出版发行
地址：天津市和平区西康路35号
邮编：300051
e-mail：bhpubl@public.tpt.tj.cn
http://www.bhpubl.com.cn
发行部电话：(022)23332651　邮购部电话：(022)23332478
全国新华书店经销
天津新华二印刷有限公司印刷
*
开本787×1092毫米　1/16　印张11.5　插页2
2012年1月第1版　2012年1月第1次印刷
定价：23.00元

目录

据说，叶名琛出生的那天夜里，叶志诜做了一个奇怪的梦，梦见南边的天塌下了一块，瞬间洪水四溢，泛滥成灾。而且，也是在那天夜里，叶府屋顶上的瓦突然莫名其妙地滑下一行，第二天修理时，工匠们发现那瓦行中竟然有一条数尺长的蛇蜕，让人非常惊奇，因为时在 12 月份，蛇本该是冬眠着的，如何会蜕皮还弄滑屋瓦呢？许多年后，民间因此而有一说，说叶名琛原是京城叶府那座百年老屋里的一条家蛇转世投胎……

初到京城的那些日子里，每有空闲，叶名琛总少不了怀揣着父亲的手札或名刺，到处以“年侄”的身份去拜见一位又一位“世伯”与“世叔”，甚至还有父亲的“世伯”和“世叔”，当然他在他们面前则要自称“年孙”了。每次见面向他们叩过头后，除了递过父亲的亲笔手札外，当然还得赶紧递上孝敬他们的一点“小意思”，或人参、鹿茸等一些

序言

朱卫国

大凡读过中国近代史的中国人，都会有过这样的体验：越读心情越沉重越压抑。那些丧权辱国的不平等条约，割让土地、战败赔款的耻辱，深深地刺痛着每一个中国人的心，对活跃在那段历史上的一个个人物，或深恶痛绝，或怒其不争，或哀其不幸。今天到底如何看待这段历史，评价这段历史上的种种人物，更多的是学术界应该去研究的问题。《原来如此——叶名琛传》作为国内出版的第一本叶名琛传记，作者用历史唯物主义的观点，以叶名琛50岁的人生历程为线索，以丰富的史料为依据，以公正的时识为前提，以细腻的文笔、凝重的情感、精当的议论，厘清了叶名琛必然失败的命运，也透视了叶名琛丰富而复杂的内心世界——他的早年得志和他的最终失败，他的精于世故和他的得意忘形，他的精明强干和他的愚腐无知，他的宣威布德和他的心狠手辣，他的左右逢源和他的尴尬无奈，他的忍辱负重和他的困兽犹斗……这些都无不展现了一个有血有肉、真实丰富的叶名琛形象。读者通过他或许自可从一个特殊的角度对那一段波谲云诡的历史一窥其细部；更何况他作为一个历史人物，其人生又曾大起大落和大悲大喜，可歌可泣又可叹可悲，本身不仅对读者构成了很强的可读性，而且也会对读者具有一定的人生启发。

叶名琛作为第二次鸦片战争时的两广总督，洋人曾称他为“中国宰相”，大清“第二号人物”。他曾吸取了林则徐因武力抵抗列强而被撤职充军的“教训”，也曾吸取了耆英因妥协、忍让而被皇帝赐死的“教训”，选择了“不战不和不守，不死不降不走”的“第三条道路”，虽然也取得了一时的效果，但最终结果还是第二次鸦片战争的彻底失败，个人也身败名裂、客死他国。作者通过探寻叶名琛的失败历程，进一步探寻当时中国知识分子共同的悲惨命运，进一步总结晚清对外政策的必然失败，进一步揭示“落后就要挨打”的真理。或许这便是这本《叶名琛传》之于读者的意义吧！

细读《叶名琛传》，百感交集，回味无穷。作者用 20 多年时间收集整理资料，史料真实可信，人物形象丰满，又采用他擅长的散文笔法，夹叙夹议，画龙点睛，极具史料性和可读性。我为老同学用自己的执著、严谨、责任、才华，把一个真实的叶名琛展现在世人面前而感到自豪、感动和钦佩。我相信这部著作的问世，一定会受到历史爱好者、文学爱好者以及其他感兴趣人员的欢迎和喜爱。

我也希望年轻朋友，特别是当代大学生，读一点历史，读一点中国近代史，不为过去曾经的辉煌而狂妄自大，不为过去曾经的耻辱而妄自菲薄，珍惜时光，努力学习，掌握本领，成长成才，勇担责任，为中华民族的伟大复兴作出应有的贡献。

荣会是我大学同班同学。30 年间，作为同窗好友，我们交往甚多，感情笃深。早在大学时代，荣会就爱好文学，喜欢历史，兴趣广泛，多才多艺，显示出特有“天赋”。30 年来，荣会心系文学，背倚文坛，辛勤耕耘，著作颇丰，可谓“小有名气”。每当读到荣会的新作，我总有亲切、自豪、兴奋之感，似乎老同学的成就，我也有几分“光彩”。这次，荣会把新作《叶名琛传》稿子送我，并要我作序，我确实感到很为难。若答应吧，我既非名人，又非研究文学、历史的专家，作序似乎有点“班门弄斧”和不知“天高地厚”；若不答应吧，我实在无法回绝老同学的一番诚意。经过再三权衡，我还是答应作这个不像序的序，以表达同学之情。

是为序。

2011 年 5 月 22 日

第一章

医宦世家 诗文鸣时

1859年4月17日。武汉。难得一个好天。

一大早,坐落于汉口大夹街的"叶开泰"药店大门还没开,便如往常一样,门口已聚集了不少等着抓药的人,只是人数似乎比往常要更多一些——或许是由于近来季节转换,又逢天气异常,生病的人便自然增多了吧!

此时入梅尚早,可不知为什么,江南一带近来竟下起了连日淫雨,不尽的乌云携着绵绵春雨,更携着阵阵春寒笼罩着武汉三镇,天阴阴的,地水水的,每一条大街小巷都湿湿的,每一个人的心也仿佛霉霉的。平日里热闹的街巷似乎比平时少了许多行人,江水日涨一日,眼看着今年的长江汛期就要早早到来了,防汛成了武汉这座因江而生的城市这段时间内最头等的大事,官府忙着组织民工加固江堤,商户忙着筹措钱、粮、木材等防汛物资,没事可忙的士绅们都躲到家里,躲避着

今日位于汉口中山大道上的百年老店“叶开泰”药店

淫雨，也躲避着春寒。今天或许也是因为天难得放晴，家有病人的都赶着早求医问药来了。

在等待着抓药的人们焦急的目光中，“叶开泰” 的大门终于打开了，人们一拥而入。

“赶快将休假的王师傅和陈大夫请过来，就说今天店里人手不够，实在忙不过来。哦，就说是我说的，薪水是平时的两倍！”一个掌柜模样的人见抓药的人拥进店堂，赶紧吩咐店里的一个伙计说。

说话的其实并不是掌柜，而是“叶开泰”的老板，这座百年老店年轻的第八代掌门人，他的名字叫叶筌林。

此时的“叶开泰”，不但是整个武汉三镇最大的一家中药房，也是中国最有实力的中药企业之一，它与北京的“同仁堂”、杭州的“胡庆余”和广州的“陈李济”（也有说与芜湖的“张恒春”和苏州的“雷允上”合起来）被誉为“四块金字招牌”。

追溯起来那还是明崇祯年间的事了。叶开泰的创始人是叶文机，老家在江苏省溧水县柘塘乡叶家村。由于柘塘地处南京城南五十多里处，所以又俗称南京南乡。不过从行政上说，柘塘乡一直都隶属溧水县，溧水县境内多水也多山，山上多产各种药材；又由于这些山只是些丘陵，所以采集这些药材并不困难，因此当地山民多数也能识得些草药懂得些医道。恰恰凭借这一点，从明代中叶开始，中医药竟在溧水县形成了产业，也成了溧水人走南闯北谋生的一个手段。上面提到的那被国人赞誉的中国中药业“四块金字招牌”中，有一块半就属于溧水人，那就是“叶开泰”和“张恒春”。叶文机的父亲年轻时曾跟人学过一些中医望、闻、问、切的技巧，平时又对一些草药偏方很感兴趣，村民每有小疾小恙，他常常能药到病除，久而久之在溧水竟获得了一个“叶神仙”的美名。叶文机从小跟随父亲，自然而然也对父亲的医药之道学得了个大概。

那时的叶家，主要还是以务农为业，但叶家村前著名的秦淮河蜿蜒而过，叶家平时除了种田，还兼着经营秦淮河上的一个渡口。可是到了叶文机一辈，他已不满足于只将一条小船日日在这秦淮两岸间摇来摇去了，他将这小船顺着秦淮河摇到了南京，摇进了长江……1637年初，叶文机来到汉口，边行医边卖药。此时处处兵荒马乱，长江沿岸又水患连连，俗话说“兵灾之后常有疫灾，大水之后必有大疫”。那年武汉周边恰恰流行起了瘟疫。面对瘟疫，人们谈虎色变，甚至连一些药家对此也唯恐避之不及。此时，镇守武汉三镇的是明朝简亲王，他面对疫情万分焦急，唯恐军中染疫，因为他的军队正与李自成的农民军战得难解难分。于是简亲王贴出告示，急招能对付瘟疫的郎中。

叶文机看到告示，心想这正是自己扬名的一个好机会。当然，如果失败，自己只不过一走方郎中，也不怕砸自己的牌子，因为根本还没牌子可砸；只是若染上那瘟疫倒也是性命交关，所以去应诊便是一场赌博。叶文机最终决定还是去赌一把，当然他押上的是自己的身家性命——他揭下告示，前往应诊。

或许是天助叶文机吧，他真的不但救活了许多染疫的士兵，最终竟真的控制了瘟疫的蔓延，当年秋后，瘟疫就此过去了。

仿佛一夜之间,叶文机不但在武汉三镇医名鹊起,而且医术和医道深得简亲王赏识。正是在简亲王帮助下,叶文机在汉阳的汉正街鲍家巷口找了一所店屋,开起了药室,取名"叶开泰"。

药室开张时,曾有人问叶文机:"取其店号,口气好大呵!是否真欲如张夫子所言'为天地立心,为生民立命,为往圣继绝学,为万世开太(泰)平'呵?"

叶文机听后哈哈大笑说:"我一个小小郎中,哪敢夸这海口,也哪有这个能耐!再说,我也哪有这个学问!我取这敝号,意思只是叶家药室开业了,图个国泰民安,生意兴隆呵!"

从此以后,叶文机日日端坐叶开泰药室,以医荐药,悬壶济世。只是连他自己恐怕也不曾想过,由他打出的这块招牌,竟然能从此后熠熠生辉三百多年吧!

在汉口老百姓口中有一句口头禅:"叶开泰的药——吃死人都是好的",意思是说,如果一个病人吃了叶开泰的药吃死了,那只能是因为他已病入膏肓,并不能说明药不好,不好的只能是他的命。可想而知,在武汉的百姓心目中,"叶开泰"的药有着多么好的质量,更有着多么高的信誉呵!自然而然,武汉人只要是求医问药,一定首先想到的是"叶开泰"。

那么,为什么"叶开泰"的药能有着如此高效和信誉呢?

汉口民间有一个传说,说是"叶开泰"药店开张后,有一天,一个叫花子昏倒在店门口,伙计报告叶文机后,正在坐堂的叶文机立即走出店来亲自给这花子把脉,发现他只是饿昏了,便立即命人将这叫花子扶进店去,好饭好菜地让他饱餐了一顿。那叫花子离去后,伙计发现店门口他昏倒处多了一口缸。既是一口缸,药店的后场作坊自然用得着,于是伙计们就将这口缸用来浸泡药材,没想到的是,只要是用这口缸泡过的药,都一律成了灵丹妙药。这时人们猜想,那个倒在店门口的叫花子,该就是那过海八仙中的头一位铁拐李的化身吧!

传说当然只是传说，真正使“叶开泰”药到病除，生意兴隆的秘密是叶文机在创立它时就曾制定并在以后一直严格遵守的“软、硬”兼施的经营战略。

所谓“软”，即尽力义务救死扶伤，创建口碑，创建信誉，创建一种经营文化。对无钱买药的穷人，“叶开泰”总是施医舍药，每遇灾荒之年，“叶开泰”都要组织义诊，不但在武汉本地，而且还努力向周边扩展，其义诊最远甚至到过湖南岳阳。义诊所到之处，不但为当地灾民赠药，还设立施粥棚赈灾救民。而这一切自然为“叶开泰”树立了良好的形象，赢得了难得的口碑。

所谓“硬”，乃是力争炮制天下第一等优质的中药。中国从前的药店，都是“前店后场”的格局，即店铺前堂是药店，行医卖药，店铺后面则是中药加工炮制场。之所以如此，除了方便外，更是要借此向世人展现其药品生产过程，让顾客“眼前为实”，以表明店家绝不欺人欺世的经营方针。“叶开泰”的制药原则是，从严格购进优质原材料开始，到加工制药，一讲究真材实料，二绝对一丝不苟。以鹿茸为例其通常分关茸和清茸。所谓关茸，是指东北梅花鹿的鹿茸；而清茸是陕西的一种既像牛又像驴的鹿的鹿茸。清茸虽也算鹿茸，但质量不可与关茸同日而语，只是价格要低许多。然而“叶开泰”从来都不用清茸，一直只用关茸。“叶开泰”制药也严格按照中医药传统炮制法，所谓“虔诚修盒，遵古炮制”，绝不苟且通融。

上世纪初“叶开泰”药店店堂内情景。

每年冬天，“叶开泰”都要专门花大价钱去关外选购健壮的成年梅花鹿，并活体运到武汉。每次宰杀前还要举行盛大仪式（实际上是一种高明的广告）：先是将那梅花鹿披红挂彩，在武汉三镇的大街小巷游行展示三天，所到之处总引得市民和行人竞相观看，最后回到店前，在临时搭起的一个台上当众宰杀、分割；然后又在观众的见证下下料、制药。正是因为“叶开泰”以如此精神选择真材实料，炮制一丝不苟，所以它的自制药，无论丸药、贴膏都以药效显著而名闻遐迩，如参桂鹿茸丸、八宝光明散、虎骨追风酒、十全大补丸等。

“叶开泰”成药药瓶。其自产药“参桂鹿茸丸”、“十全大补丸”、“八宝光明散”等都用此瓶罐装

关于“叶开泰”药的质优效高，武汉民间一直还流传着一个故事，且这个故事绝不是传说，而是一件真事：

有一次，药坊用一只大木甑蒸鹿茸百斤，以备切片磨粉，不料剩在大锅里的一点“脚子”水，被店里一条大狗喝了。结果，这条狗的眼睛很快便被药力冲瞎了，再过了一会儿，肛门外竟翻出个一个红肉团，像个大石榴。真是出其不意，没想到“叶开泰”的这条狗竟无意中为“叶开泰”做了一次最好的广告——人们见到这条狗的样子后，都议论说，如果“叶开泰”蒸的不是正宗的关茸，哪会有这般奇效呵？正因为这样，“叶开泰”开业百年，人们对它的药的评价只有一个字——灵！

“叶开泰”创下这样的口碑，其实说到底，就是在于它能凭着一颗天地良心行医制药，其秘密其实每天都亮在光天化日底下，那就是高悬于店堂里的一副对联：“修合虽无人见；存心自有天知。”从开店的第一天，叶文机就请人将这副对联题写了悬于店堂以时时作警示。尽管后来“叶开泰”生意越做越大，店面也从鲍家巷，迁到汉口的汉正街，再迁到大夹街，后来又迁到车站路，但是店堂里的那副对联一直没变，变的只是后来将它制成了两块金匾。“叶开泰的药——吃死人都是好的”的真正秘密就这样每天都亮在光天化日之下。

叶笙林在店里一番吩咐后，看了看大堂上的两块金匾，正要去后场例行巡查，有用人来报，武汉督粮道王大人求见。

叶筌林知道王大人为什么而来——一定是又来征捐。

果然，落座一番寒暄后，王大人说话了："'叶开泰'对官府的捐赠历来都非常热心并出手大方；虽然知道府上出了大事，本不该上门，但无奈'叶开泰'是武汉三镇最大的商户，其他的商户都看着哩，所以还得请'叶开泰'带一个头呵！"

叶筌林知道王大人所说的"府上出了大事"，便是指他叔叔叶名琛的被英人所俘。是的，这无论是对于"叶开泰"还是对于叶氏家族都无疑是一件天大的事情。但话说到这个份儿上，绝不能让百姓，更不能让官府小看了"叶开泰"！叶筌林二话没说就认捐了纹银5000两。这个数字几乎是往年的两倍。对此王大人自然是千恩万谢。

前脚送走督粮道官员，后脚盐法道官员就来了……叶筌林将他们一一打发走已近晌午。突然间，他打了一寒颤，然后眼前一阵眩晕，虽然这阵眩晕很快就过去了，但他心头隐隐地有一种不祥之兆。

一年前，也是在一个忙碌的上午，也是这样先打了一个莫名的寒颤，然后又是一阵莫名的眩晕，就是在这阵眩晕中手上的一把景德镇出产的粉彩白瓷茶壶被摔得粉碎。这把茶壶正是叔叔叶名琛十几年前当江西盐法道时托人特地捎回赠予他的，十几年来这把茶壶叶筌林几乎日日不离手。正当他为此而懊恼和伤心时，竟得到叔叔叶名琛出事的消息。今天自己又是这样一阵寒颤与眩晕，叶筌林不禁担心，难道又将有什么大事要发生吗？他第一个想起的，当然还是那远在印度身陷英国人囹圄的叔叔叶名琛。唉，一年了，转眼就一年过去了！我们都还算好，但叔叔在那儿受着非人的待遇，他还能撑得下去吗？他还有回家的那一天吗？想到这儿，叶筌林不禁悲从中来。

这一年来，叶筌林作为"叶开泰"的传人和掌门，可谓是小心谨慎、煞费苦心，有时甚至不得不夹紧尾巴做人，什么叫世态炎凉，什么叫人情冷暖，这一次他算是足足的领略够了！叶名琛的被俘，给"叶开泰"和叶家的打击都是巨大的。或许是因为前些年,“叶开泰”受这位叔叔的恩荫实在是太多了吧!

“叶开泰”走的是一条官商结合的道路,这条道路是早在“叶开泰”的第三代传人叶宏良那儿就定下的。

叶宏良当然也是一生以行医为业、为生,但中国的中医多有好读书的传统与习惯,叶宏良更似乎是一个既做生意却又更好读书的人,他通过长期的行医与读书,渐渐悟得,在中国要安全经商并不断发展,非得有官府的支持不可。一个商家如何寻求官方的支持呢?通常的办法便是“有钱买得鬼推磨”,去行贿,去巴结,总之去用钱买;但这似乎又终究不是君子所为,更何况这“买”事实上是永远没完没了,而钱却总是有限的。叶宏良由于饱读诗书,终究想到了一个棋高一着的路子,那就是让自家子弟科举入仕,以致打入官府,甚至让叶家“朝中有人”!于是一个叶氏人才战略在叶宏良的心中成熟了,随即便开始实施。

叶廷芳,字客尧,号松亭,早在溧水就曾中过秀才、入过县学,成为了“溧水庠生”,他也可谓是叶家第一个获得功名的人,因此为叶家博取功名的任务也似乎顺理成章地如“分工”一般地落到了叶廷芳这一脉人的头上。

或许真是功夫不负有心人,叶家这一脉人似乎个个都是读书的好材料,他们寒窗苦读,科场拼搏后获取的功名是一代胜过一代。叶廷芳的儿子叶继雯,字云素,一字桐封,“早岁名噪江汉间”,1777 年考取拔贡,随后便官授蕲水教谕等,1790 年他又高中进士,从此一直在京城做官,一下子实现了叶家“朝中有人”的目标。叶继雯在朝中先是做了二十多年的会典馆和玉牒馆纂修,同人评其“绩学嗜古,守礼仁义”,“治经尤邃于三礼”;诗文“才气纵横,词华跌宕”。这期间,连嘉庆皇帝也多次赞赏他“学有根柢”。最终,叶继雯不但官至给事中,而且还著有《读礼杂记》、《朱子外纪》和《纶林馆诗文集》等,他死后,又于 1824 年被“举孝行,旌表建坊,祀孝义祠”。这一切似乎正如叶宏良当年所希望的那样，叶继雯生前和身后都曾对“叶开泰”和叶氏有着很好荫护。当然“叶开泰”的银子自然也没少给叶继雯作了官场的润滑剂，如史书记载，1785年，他正做蕲水教谕，适逢蕲水大旱，他“变产三千金易米以赈，并施药棤，蕲人绘像祀之”。

叶继雯的儿子叶志诜，在科场也曾一路奏凯，最终高中进士，做得了京官，官至内阁中书，洊升兵部郎中，虽然官做得不如父亲大，在朝也不如父亲红，但也算继续保持了叶氏“朝中有人”。另外，学问和文章上取得的名声叶志诜倒都在乃父之上，他“学问该博，尤肆力金石文学。尝从秦汉印薮推求官制异同，足补《史》《汉》书所未逮”，其行世著作很多，有《简学斋文集》《平安馆诗文集》多卷，还有所编金石考订专著《平安馆藏器目》等，也为世人所重。

叶志诜有两个儿子，长子叶名琛，次子叶名沣，到他们这一辈，算起来是“叶开泰”的第七辈了。叶名琛与弟弟叶名沣，早年便“以诗文鸣一时”，成人后更是学有所成，一旦投入科场，便一路奏凯。尤其是叶名琛，年未届不惑，便位及封疆，擢升为广东巡抚，后又升为两广总督。

叶笙林清楚地记得，自从叶名琛飞黄腾达后，本来在武汉三镇就财大气粗的“叶开泰”与叶家，生意场上更是如虎添翼，与商家病友间来往左右逢源，即使与官府打交道，也总是一路绿灯。一切都如鱼得水、一帆风顺。那几年，“叶开泰”除药店真可谓达到了日进斗金的程度外，还在邻地开设了分号、会馆，并在汉口、武昌购置了房产、地皮、良田，甚至还将房产购到了千里之外的京城。然而，自从一年前叶名琛被俘，后又遭朝廷通报革职，一切似乎都一落千丈了。同行的挤对、官府的刁难，甚至地痞流氓的敲诈渐渐都找上门来了。不过令人欣慰的是，百姓和病家倒似乎没什么改变，他们还一如既往地信任着“叶开泰”的医、药，每天来药店求医问药者似乎都并不见少。

一年了，叶家人每天都在品味着世态炎凉和人情冷暖，因此，他们每天也都在想念着、牵挂着叶名琛，虽然他之前也一直远在京城、甘肃、江西、广东做官，很少在家，更不多过问和参与过“叶开泰”的具体经营活动，但事实上他一直都是叶家的顶梁柱呵！尤其作为叶家掌门人的叶笙林，更是除了牵挂，还有几分担心。

叶笙林想到这儿，突然听到外面人声嘈杂，似乎还有人高呼：“着火了，救火呵！”他不禁有些疑惑，这连连阴雨刚放晴，天潮地湿的怎会着火呢？或许是有人恶作剧吧！正想出门一看究竟，仆人急急来报，街上的确有商铺着火了。当叶笙林走出店门，站在街上一看，不禁惊呆了，因为他看到的似乎是整条大街都被烧着了。此时，掌柜的已命店里伙计在往“叶开泰”店面门板、屋上梁檩上浇水，叶笙林见此立即喝住了他们：“你们这都在干什么，还不赶快去救火！”伙计们听到喝令，一个个都奔着那些正着着火的房子去了……

这场无名的大火一直烧到了傍晚总算被扑灭了，整条大夹街上的商铺、民宅几乎都过了火。此时人们奇怪地发现，整条大街的建筑，唯有“叶开泰”完好无损。是夜，“叶开泰”一夜都不曾关门，店里上下，人人都忙着……

叶笙林也自然一夜没睡，他忙了一夜，也担心了一夜，他总担心着还会发生什么。

果然，第二天一早，叶笙林便得到了叶名琛的噩耗。

噩耗是湖北巡抚胡林翼亲自送达的。说实话，胡林翼自从1854年9月入鄂以来，无论是初任湖北按察使时，还是1855年3月升湖北布政使，直至1855年4月署湖北巡抚后，一直与叶家十分相善。叶笙林当然知道，这主要还是因为叶名琛。胡林翼既是曾国藩情同手足的拜把兄弟，也是镇压太平天国战场上同生共死的战友，他自然知道湘军的军饷有很大一部分来自叶名琛主政的两广。或许正是因为这一层关系吧，胡林翼还会在叶名琛被朝廷革职的

湖北巡抚胡林翼像

情况下，多少冒着政治风险亲自将他的噩耗送至“叶开泰”。对此叶筌林对胡林翼十分感激。

几乎与胡林翼给叶家送来叶名琛噩耗的同时，一个说法在汉口不胫而走，说大夹街上的这把大火，原是因为叶名琛的阴魂回来了；人们还说，之所以在这场大火中只有“叶开泰”片瓦无损，是由于叶名琛阴托了那个曾经留给叶家神奇药缸的叫花子，也就是神仙铁拐李显灵保佑的缘故。此神话不仅传遍了武汉三镇，而且不久竟传遍了全国。

当然也有非神话的传说。说叶名琛被俘至印度加尔各答后，英国人竟然造了一个大玻璃柜，让叶名琛日日坐在里面售票展览，让当地蕃人看中国宰相的样子。虽然那里气候常年如夏，那玻璃柜内又热又闷，但叶名琛为了不失大清国封疆大吏的威仪，每次都官服齐整，朝冠高耸地端坐其中，最后实在支持不住，便忍无可忍，拒辱绝食，客死他乡。

至此，叶名琛似乎成了人神之间、半神半人的一个人物了，对此，恐怕是包括叶名琛本人在内的叶家人都不曾想到的吧！

更令人没想到的是，当叶氏家人，甚至“叶开泰”的员工都担心，“叶开泰”会不会因为叶家失去了叶名琛这棵大树而就此走下坡路时，而出乎意料地各地的分号、商辅、茶楼、当铺等，似乎突然间无一不生意兴隆起来。据史书记载，从 1859 年开始，直到 1911 年，“叶开泰”的发展达到了一个前所未有的高峰。对于这一真实得似乎有点匪夷所思的奇怪现象，坊间传说自然是叶名琛在阴间的保佑；而一些史家也常用“偶然”两字来解释，其实都不能令人信服。当然，其中的原因固然是多方面的，但为什么这一现象恰恰在叶名琛死后产生，这本身似乎就最好地证明了它一定与叶名琛有关。事实也的确如此，那些去“叶开泰”的人们，他们或看病，或买药，或购屋，或典当，或许多少都有一种以此向叶家这位客死他乡的爱国者献上一分敬意在里面吧？当然，前提是他们更相信，走出了这么一位宁死不屈的爱国者的家庭，所卖出的药一定是灵效的，所做的生意一定是公平的，所做出的承诺都是会兑现的。因此，或许可以说，正是叶名琛的死——这样的死——成全了“叶开泰”百年发展史上的最大辉煌。如果说这也算是叶名琛对“叶开泰”的“保佑”，那么，这种“保佑”倒是实实在在的。

叶名琛以“中国宰相”的身份被俘后，英人每周要给他体检一次，照相一次。这张照片据说便是英国人照的。照片上的叶名琛除了表情有点落寞外，仪表堂堂，一副大清封疆大吏的派头。

叶名琛，字昆臣，湖北汉阳人，祖籍江苏溧水，于1809年12月21日出生。因祖居地南京南乡叶家村门对一山，名琛山，曾以出产美玉著名，其父怡又希望他成人后能矢志如玉，所以以“琛”为名，名字中的那个“名”字是其辈分。

关于叶名琛的出生，他发迹后坊间自然有一些匪夷所思的传说。类似的传说，在一些名人的身上和一些大人物的故乡都是不缺乏的，且总是那么的有鼻子有眼如真的一般。

据说，有一天夜里，在京城做官的叶志诜做了一个奇怪的梦，梦见南边的天塌下了一块，瞬间洪水四溢，泛滥成灾。而且，也是在那天夜里，叶府屋顶上的瓦突然莫名其妙地滑下一行，第二天修理时，工匠们发现那瓦行中竟然有一条数尺长的蛇蜕，让人非常惊奇，因为时在12月份，蛇本该是冬眠着的，如何会蜕皮还弄滑屋瓦呢？

而就是在那天夜里，叶名琛出生在湖北省汉阳县，即今天的武汉市蔡甸区。

妻子头生得子，自己又做了奇怪的梦，家里又出了稀奇的事，本来就笃信扶乩和风水之术的叶志诜，欣喜之余自然又忧心忡忡。第二天一大早，他便先扶乩一番，后又算了一卦，扶乩结果与卦象显现倒也一致：此刚出生的孩子倒是个好命，命中五行一行不缺，只是火略欠旺，宜往东南方，不宜西北去，因为东、南方属木、火，西、北方属金、水。只是对于自己的那个梦，叶志诜并没得到任何解释的线索，让他一直耿

叶开泰药店兴衰及叶名琛家族支系图

第一代
创始期(1637—1736 年)
叶文机

第二代
叶时芬

第三代
叶宏直　叶宏正　叶宏良　叶宏忠　叶宏彦　叶宏庶

第四代
发展期(1736—1858 年)
叶廷芳

第五代
叶继雯

第六代
叶志庠　叶志诜

第七代
叶名琛　叶名沣

第八代
兴盛期(1858—1930 年)
叶笙林

第九代
叶仲星　叶孟纪　叶凤池

第十代
衰败期
(1930—1949 年)
叶德侯　叶辅侯　叶隆侯　叶建侯　叶谷侯　叶扶南　叶荣机　叶璧垣　叶伯英　叶蓉斋　叶蛰斋　叶范斋

第十一代
改造期(1949—1956 年)
叶元燮　叶元耀　叶元炘　叶元炳　叶元喜　叶元吉　叶元利　叶元同　叶元正

耿于怀。直到后来叶志诜又得知，也就是叶名琛出生那天夜里，“叶开泰”在江边的码头的一排库房无端地塌进了江里，这才让叶志诜一直悬着的心稍稍释然，他心想，无论是自己的家乡汉阳，还是原籍地溧水，它们都在京城的南方，老家出了这么大的事情，梦中有所应验，也算是自然而然。至于叶府瓦行里的蛇蜕，那许多年后，民间因此而有一说，说叶名琛原是京城叶府那座百年老屋里的一条家蛇转世投胎……

叶名琛出生后，最显著的一个特点是他似乎比一般孩子长得要快，与同龄孩子相比，他总是高人半头，且白白胖胖，聪明伶俐，可谓人见人爱。

转眼之间，叶名琛已到了快入馆的年龄了，叶名琛自然就入了自家的私塾。由于叶名琛本来就长得比一般同龄孩子高半头，所以在塾中他一直都是孩子王，尤其是弟弟叶名沛，更是成了他的“跟屁虫”，小哥儿俩一天到晚都形影不离。

由于叶家虽说起来是以行医名世，但也算是书香门第，平时也是日日谈笑有鸿儒，天天往来无白丁。或许是从小受这种氛围的熏陶吧，叶名琛与叶名沛入馆后，读书都刻苦勤奋，尤其是叶名琛，天分极高，无论是每日功课，还是课外闲读，几乎都过目不忘，常让老师大为惊异。那时的蒙童入馆后，自然是读《三字经》启蒙，叶名琛一个月不到就将整本《三字经》通背如流。读《三字经》的同时，老师布置用《百家姓》描红学写字，没想到叶名琛只描了个把月，等到老师讲解时，他也能背诵整本的《百家姓》了，十岁不到，他已读完了《论语》《孟子》《大学》《中庸》“四书”十九卷，十一岁便读完了“五经”，即《诗经》《尚书》《周易》《礼记》和《春秋》，并能熟练地吟诗属对，写出很是像样的诗文了。

那年年底，叶志诜回家探亲，他要顺便考一考他的这两个儿子。

一天上午，天气很好，叶志诜领着两个儿子来到了自家的花园，家塾先生也跟了过来。叶志诜笑着对两个儿子说：“听说你们已经会吟诗属对了，今天考考你们怎么样？谁对得更好有奖。”一听父亲要考自己，而且还有奖,小兄弟二人立即要父亲出题。

此时,叶志诜刚好看到花园一角的一株梅花正开着,便说:“那就先对个对子吧! 上联是,‘墙角数枝梅’。”

“院外一缕香。”叶名沛抢先对出了下联。

“好! ”一旁的塾师不禁脱口赞道。

叶志诜也说:“嗯,不错,有点意思! ‘墙角’对‘院外’,‘数枝’对‘一缕’,‘梅’对‘香’,还算工稳,只个别字平仄不是很妥帖。不过小问题,应该有奖! ”

“父亲,我也有了! ”叶志诜评点的话音刚落,叶名琛也脱口而出,“心间一片春。”

听了叶名琛的下联,叶志诜与塾师都没说好,只是互相交换了个眼色,然后叶志诜又问道:“你能说说你对的这联的意思吗? ”

“此上联看似父亲随便赋得,实为王荆公诗句。荆公此诗为‘墙角数枝梅,凌寒独自开。遥知不是雪,唯有暗香来’。起句为写实,所以孩儿以此对句应虚;再则荆公变法,以天下为任,心地无私,故孩儿以‘心间一片春’作对。”叶名琛像个小大人一般一口气说出了这番话。塾师听后禁不住拍手叫好,叶志诜也忍不住连叫三个“好”,说:“好一个‘心间一片春’! 对得好,该重奖! ”

叶志诜非常开心,于是,他要再出一联,进一步考一考他的这两个儿子。他又走近了那株梅树,看到树上有一干新枝上的顶端正开着两朵大大的花,于是他灵机一动,出了个看似简单却绝难对的短联:“并头梅。”

这一次小哥儿俩似乎真给难住了,叶名沛想了半天也没对出。忽然叶名琛说:“我有了,且有两个! ”

“是吗? 那全说出来听听呵! ”叶志诜与塾师齐声说。

“比目鱼。”

“不错不错! 还有一个呢? ”叶志诜说。

"独角兽。"

叶名琛每说出一联,叶志诜与塾师都忍不住都叫出了好。

此时,叶志诜对自己的这个儿子真有点刮目相看了,他绝没想到他小小年纪竟能对出这么好的对子,并且决不是碰巧。然而他望着眼前自己的这个孩子,似乎一时间生出了几分陌生,因为他总觉得叶名琛对出的这两个下联,虽然从联语规则上看的确都十分工巧,但又都有些让人觉得怪异。但是叶志诜这种想法也只是一闪便过去了,因为孩子小小年纪能表现出如此才华,无论如何还是很令人开心和欣慰的。

又不久后,"叶开泰"从关外购进的梅花鹿要开宰下料了,这每年几乎都是武汉人的一个节日,人们争相观望,议论着今年的这鹿是不是比往年的更大还是略小,是更壮还是略瘦。但是叶志诜常年在外做官,这场景他或许是因为看得有些少吧,心里总有点不舒服,且暗暗地想,这鹿也是一条性命呵,如此的折腾它,有这个必要吗?参加过宰杀仪式回到书房,叶志诜竟对那头被宰杀了的梅花鹿心生起同情来,随即吟得两句:

昨日驰骋在林野,
哪知一朝睽睽间。

正想着将这两句凑成一绝,仆人来报有贵客到,叶志诜便匆忙将两句并未调平仄的话写在一张便笺上去迎接客人了。

一会儿,叶志诜送走了客人,又想起那首未吟成的诗,可当他回到书房,找到那张便笺,竟发现那两句后竟被人续上了两句:

只因天赐金玉身,
无奈一死报苍天。

叶志诜将这两句吟咏再三，觉得不错，大体表达出了他想说的意思，且也与他原来的两句浑然一体。可是谁续的呢？遂去查问，竟是叶名琛所为。叶志诜再看过这两句诗，又联想到他对出的那两个对子，不禁在心里对自己这个聪明儿子的前途和命运生出了一份担心，久久挥之不去，因为他想到，古时多少才子身上都曾经有过一诗成谶的事情，而那两句诗恰恰如一句谶语。

类似这样的故事，想来都是人们在后来附会出的吧，也就在半真半假之间，不可全信。但是，人们之所以附会出这些故事，背后有一点或许是可以肯定的，那就是，人们正是通过这些故事寄托了对故事主人公命运的一种别样的同情、无奈甚至怀念吧！

今天，当我们想了解叶名琛时，倒是这些或保留在野史、笔记中，或保留在人们口口相传的传说中的那些真真假假的故事，才使得历史上这个叫做叶名琛的人显得有血有肉，因为出于各种原因，正史的书写者，对他早年的这一段生活缺乏兴趣，因此给我们留下的只有寥寥数行文字而已。

《清史稿》关于叶名琛早年的情况，除了一句，与弟弟叶名沣“以诗文鸣一时”外，还记载了他于1825年，也就是十七岁那年，参加乡试便一举考中了副榜贡生，“旋充武英殿校录，议叙教谕”。

今日武汉健民药厂。其前身便是著名的叶开泰药店。

看来叶名琛是幸运的，要知道，“副榜贡生”即称“副贡”，也就是备录的贡生，即实际上还不是真正的贡生；即使是真正的贡生，一般来说也只有少数运气好的会被授官，且最多也只不过会去一个偏远县分得到个县学教谕之类的小吏做做，而多数只有继续在科举的道路上攀上高峰，也就是再到京城参加会试，考取进士功名，这样才能名正言顺地成为所谓的朝廷命官；而叶名琛仅凭着这样一个乡试功名，不但“旋充”为官了，而且还不是一般地方官，而是京官——京官中的朝官。

武英殿是清朝内阁三大殿之一，可谓是清朝权力的中枢之一，其“校录”“议叙教谕”等职，品级虽然不算太高，可位置实在不低，尤其是工作中整天来往者都是朝中重臣和大员，甚至面见皇帝也应该不是什么稀罕的事情——这不能不说叶名琛的运气实在是太好了！

当然这里面除了叶名琛的运气，究竟有没有“叶开泰”银子的作用，或是叶家两代“朝中有人”的因素的作用，或是两者的合力的作用，因为史无记载我们今天已不得而知。今天，我们能够知道的是，就是从那时起，叶名琛就离开了武汉，离开了故乡，离开了“叶开泰”，带着一身桂皮、鹿茸和麝香等中药的味道，几乎是一脚就踏上了大清的政坛，真正开始了他的政治生涯，也开始了他那注定将大起大落、大喜大悲、大荣大辱的人生，因为纵然他带着一身的中药味，也注定很难医治大清朝此时已老态龙钟百病缠身的庞大躯体。

第二章 得意科场 平步青云

为了喜事成双，在中举得官后叶名琛又娶汉阳名门李氏小姐为妻，带着新婚喜气，叶名琛来京赴任了。

初入京城，叶名琛是得意而自在的。

得意之一是自己刚入官场，便一脚踏进了内阁武英殿，虽只是其中一个小小的校录的角色，但日日在殿内进进出出，那分做官的感觉似乎一点也不比那些真正入阁的大学士相差多少，因为似乎人人都对他客气有加——只要是官场中人，没有人不知道就是眼前的小小角色，说不定哪一天就老母鸡变成鸭了，所以甚至连一些职位比叶名琛高的人，平时与他抬头不见低头见之间，也会对他递送笑脸，这让年纪轻轻的他很是受用——叶名琛后来，为官以性情刚愎而著称，当然形成他这种性格的原因是多方面的，但或许正是从这时候起就埋下了最早的伏笔。

今日故宫中的武英殿。当年叶名琛日日在此进进出出，那分做官的感觉，似乎一点也不比那些真正入阁的大学士们差多少

叶名琛得意之二是叶家在京资产丰厚，这资产当然是既有有形资产，又有无形资产。

有形资产自然是“叶开泰”在京城有房产，有生意，总而言之有的是钱。千万不要小看钱这个俗物，它与权力似乎历来就是一对欢喜冤家，其二者的结合，虽然最终的结果两败俱伤甚至俱亡的情况也是不少的，但许多时候都常常是双赢，所以官场之上“有钱好办事”，甚至“有钱买得鬼推磨”，历来都是一条铁律。叶名琛是叶家的大少爷，且他的进京入仕还肩负着将来荫庇“叶开泰”的重任，因此保证这位叶家大少爷在京日常生活中始终出手大方，那是十分自然而然的事情。要知道，像叶名琛那个级别的官，虽然面子上风光，但毕竟职位不高，薪水有限，而日常开支倒也是不小，因为他们在这个位置上，自然结交上司，笼络同僚，甚至与来京的外官间来往的机会都比一般官员要多，而这一切，乍看只是吃吃喝喝间埋个单之类的小事，可不经意间恰恰又是关乎未来前程的大事；由于叶名琛叶家大少爷的身份，家里银子使他有足够的能力在业余时间与假日之中，呼朋唤友，以致聚人气、拉人缘、结交同好——叶名琛后来虽然长期外任，但京内似乎从来都不缺为他说话的人，甚至在他有失误、争议鹊起之时；事实上他的官场生涯也似乎从来只升不降，仅仅十几年时间就位及封疆，让人感到奇怪甚至不可思议——若寻这一切的答案，或许也应该首先从这里寻起。

叶家在京的无形资产，自然是在叶名琛来京前他的祖父叶继雯和父亲叶志诜已为他早就织好了的一张巨大的官场关系网。在中国，只要身在官场，谁也不敢忽视那张眼见不得手摸不着但事实上又无时无刻不在发生作用的巨大关系网，换句话说，你身在官场，再有本事而没有关系也是不行的，所以“朝中无人不做官”和“朝中有人好做官”是中国官场文化中的铁律。中国的官场文化，说到底实际上就是一种寻找和创造各种关系，再平衡、把握和利用各种关系的一种能力和技巧。而这种官场的人脉关系的形成，并不是一朝一夕和轻而易举的，它需要经营和积累，有时需要几代人的积累。

叶名琛的祖父叶继雯曾于嘉庆初年考中进士，从内阁中书开始一直做到刑部给事中，在朝为官二十余年，其间嘉庆皇帝多次赏识其才华。据史书记载，1824年，朝廷还为叶继雯“举孝行，旌表建坊，祀孝义祠”，而此时叶继雯已过世有年，可想而知就是那时，朝中还是很有人为他说话的，也可想而知他当年在朝中根基之深。我们也完全有理由相信，朝中对叶继雯的如此表彰，实际上是有人在为其孙子叶名琛将来的提升制造舆论、鸣锣开道。因为1824年正是叶名琛入京为官的前一年。据史书上记载，叶继雯不但在学问方面的确有过人之处，更难得的是深获嘉庆皇帝赏识。嘉庆六年时，副太常卿刘凤诰被派往山东主持科举考试，临行时或许是嘉庆皇帝对刘有点不放心，特地召见了他，并对他说：“给你做副手的是叶继

嘉庆皇帝

雯，他学有根柢……”嘉庆九年，毓庆宫落成，许多大臣都为之撰联，有一副联语得到了嘉庆皇帝的赞赏，随即问大学士朱珪作者是谁，朱珪竟一时忘了作者姓名，嘉庆皇帝于是说“莫非是叶继雯吧？他这方面的学问本来就不在彭元瑞（乾隆时著名楹联家）之下呵！”能得到皇帝如此的赏识，叶继雯自然在朝中红极一时，自然也结识了许多想结识他的和他想结识的人。卓秉恬就是其中的一位。此时卓中进士不久，选为庶吉士，官授翰林院检讨，在朝中根子尚浅，自然想结识像叶继雯这样的老臣，以期多有提携，至少是能及时指点一二朝中要津。当然也有当时在朝地位比叶继雯高而又以欣赏的态度与他结识的，如，今天我们一般人都很熟悉的罗锅宰相刘墉便是其一。当年在朝中与叶继雯定过交的大臣当然不止卓秉恬、刘墉两人，只是他们与叶家关系的线索今天我们从史书中比较容易找出，故在此一提而已。

叶继雯致仕后，叶志诜又在朝为官多年，他在其父的基础上将这张官场关系网织得更大更密，那又是十分自然而然的事情，后来在叶名琛仕途中很是起过不少作用的军机大臣文庆，还有有着“三代帝师”之称的祁寯藻等，或许就是当年被叶志诜织进叶家关系网的。

等到叶名琛1825年人朝为官时，虽然叶继雯结识下的一些当年重臣多数已过世，但只要是还在朝的，多已今非昔比，无论是叶继雯时代的新科进士，还是叶志诜时代在内阁跑龙套的。以上面提到的几个人为例：卓秉恬此时已在朝任太仆寺、大理寺少卿、太仆寺卿，宗人府丞，内阁学士等；祁寯藻则已在兵、户、工、礼诸部当了一圈儿的尚书了；文庆也已“五迁至詹事。历通政使、左副都御史、内阁学士”等。

刘墉（刘罗锅）画像

初到京城的那些日子里，每有空闲，叶名琛总少不了怀揣着父亲的手札

刘墉书法，当时朝野有名，其风格上最大特征是用墨浓重，此正与当时探花王文治书法相反，所以有“浓墨宰相，淡墨探花”之说。

或名刺，到处以“年侄”的身份去拜见一位又一位“世伯”与“世叔”，甚至还有父亲的“世伯”和“世叔”，当然他在他们面前则要自称“年孙”了。每次见面向他们叩过头后，叶名琛除了递过父亲的亲笔手札外，当然还得赶紧递上孝敬他们的一点“小意思”，或人参、鹿茸等一些“自家店里的东西”，或干脆就是银票。每每至此，“世伯”、“世叔”们和“世爷”们总会对叶名琛夸奖一番，“才学过人”自是一定要夸的，因为叶名琛科场一路奏凯，这是明摆着的嘛；另外还有一明摆着的，就是叶名琛那身高近六尺的块头，还有那浓眉大眼，宽额满庭的相貌，也没少让他得到夸奖：“俗话说，这北人南相，南人北相，定是奇才，世侄一表人才，定是前途无量呵……”初听前辈如此夸赞，叶名琛还有点不太好意思，只是听得多了，心里就只剩下得意了。

这段时间唯一让叶名琛感到扫兴的事是，妻子在新婚后仅仅两年便在老家病死了，连一男半女也未来得及留下。不过说到死，这在叶名琛那儿给他带来的悲伤也很有限，在他想来，刘备说过的那句话很有道理，“兄弟如手足，妻子如衣裳”，既是衣裳，脱了还可以再穿；再则他与李夫人在一起生活的时间也实在太短了，真谈不上有多深的感情。李夫人死后不久，叶名琛果然又娶了，这一次妻子是朝中重臣瑟庵先生之女汪氏。汪氏不但人长得漂亮，而且知书达理，静雅贤淑。只是娶这汪夫人后也有让叶名琛遗憾之处，就是她最终只生有三个女儿，没有为叶名琛生下一子。当然这是后话。

叶名琛从1825年入朝，到1835年考中进士，到1838年外放任陕西兴安知府，在朝有十三年之久，这十三年中，他自己当然也会在呼朋唤友间悄悄编织着一张自己的关系网，如同科进士彭蕴章。

叶名琛拥有着这样一张巨大的官场关系网而来到京城、来到朝中，怎能不心生得意！

叶名琛是在道光十五年即1835年考中进士的，在此前十年内，朝廷三年一次至少有过三次会试，也就是说，叶名琛应该至少有三次考中进士的机会，但他都没有能中进士，是他三次机会都主动放弃了没考吗？是他出于清代科举的规则需要回避而没参考吗？抑或是考了名落孙山吗？今天能见的史料上都一律没有记载，因此我们只能作些推测：史籍既无所载，后两者的可能性比较小，那么，如果真是如前者，是叶名琛主动放弃会试，或许我们可以说，叶名琛在京城的这头十年里，可谓是自在而惬意的，因为他或许一是觉得自己二十岁不到就过了乡试并入朝为官了，此时走进会试考棚，显得过于年轻而显眼了，不如等几年，让自己学问和年岁都增加一些，也增加一些一考便中的几率；二是他或许根本就并不担心自己考中进士——即使考不中，凭着叶家的这张关系网，也不愁将来不能够飞黄腾达。因此，在这十多年的时间里，叶名琛一定是将自己的主要精力都用在了编织和加固这一张官场关系网上。且还令他得意的是，他打理这些关系时似乎一切都熟门熟路，再加上手上有使不完的银子，所以也得心应手！

后来的事实也证明，这是他很明智与聪明之处，因为这张关系网的确在他以后的官场生涯中为他平步青云发挥了重要作用。

当然，这样说并不是叶名琛这十多年来在学问方面都束之高阁了。作为一个科考出生的读书人，他是不可能完全放弃这方面的努力的。然而这时期他在学问上努力的方向似乎与早年相比明显有所改变。早年他主要功夫都花在诗文上，也曾取得了很好的成绩，曾与弟弟叶名沣在江汉间获得了“以诗文鸣一时”的美誉，但入京后他在诗文上所花工夫越来越少，而是将主要精力用在了理学及经世之学的研究上。他的这一转变,其原因固然与道咸时期兴起的一股程朱理学复兴的潮流有关,但或许更与他得识倭仁直接有关。

倭仁(1804—1871)满族乌齐格里氏,字艮峰。蒙古正红旗人。道光九年(1829)进士。他不但是清代道咸间以唐鉴为中心的京师理学群体中的重要成员,而且官居院部大臣,据统计,他曾先后充任乡试、会试考官和读卷、阅卷大臣之类的考职达十八次之多，这在清代充任科举大员的大臣中恐怕是次数最多的了。他这一在朝特殊的身份，不但使他的学问获得了朝野上下的一致公认，为后来成为帝师奠定了基础（倭仁后来成为同治、光绪帝师,并因此而飞黄腾达),更使得倭门师生间、门生间组成了一张巨大的关系网。

倭仁画像

1835 年,叶名琛参加会试,此次会试的“同考官”正是倭仁。

因倭仁不言而喻的特殊身份与地位,当时许多希望登上科举最高台阶的考生都希望得识于他便是一种自然，叶名琛长期在京在朝,近水楼台先得月地与倭仁相识更是一种自然。再则科举考试是传统士人的晋身之阶,考官与考生之间的所谓“座主”与“门生”的关系是传统社会中的一张厚重的人情关系网。“乡会试中试者,对于主考、房官例称师生,其风自唐、宋来相沿已久。……明代师生门户之风尤盛,清代亦然。”举人、进士不但于主考、房官有师生之谊,而且“与夫本科监试官知贡举、监督等,推之复试、朝考、殿试,凡派为阅卷者,无不认为师生”。道光十五年(1835 年)乙未科会试,正是倭仁为同考官,本与倭仁相识的叶名琛,与同科考中的进士彭蕴章、何桂清、朱琦、罗惇衍等一起,自然与倭仁有了名义上的师生关系。这无异又是一张巨大而牢靠的关系网。

倭仁哲学用今天的眼光来看可归为唯心主义的范畴，其思想的基本概念是“理”，他认为约束、规范以致改变这个世界的力量不是别的，正是这个“理”，而这个所谓的“理”的内容，又主要是指仁、义、礼、智等道德。认为人首先是自身具有仁、义、礼、智之理，其次人们之间之理不异于己之理，再则物之理又不异于人之理，如此宇宙万物都统一于一个理，这样以后，这个世界就会达到和谐与稳定的境界。在认识论上，倭仁主张“理在心中”的先验论，认为认识天理即是认识己性、人性和物性，并把它们区分为两个阶段：一是“尽己性”，即认识自己的天性，按天理去约束自己的言行；二是“存理灭欲”，是将“天理”作为普遍的道德原则加以绝对化，用普遍的道德理性克制、压抑个体的自然需要和欲望，绝对抑制人的个性发展。因此，倭仁主张在日常生活中人要加强“修炼”。他自己当然既是这样说的，也是这样做的，他对自己的生活要求近于苛刻，几近苦行僧的地步。

我们对倭仁的哲学思想稍加梳理就会发现一个事实，叶名琛后来在自己的人生中无论是为人还是为官，所表现出的所有可敬与可笑、可惜与可恨、可悲与可耻，其思想之滥觞似乎全在此。如他在同僚和属下面前的刚愎自用，他在侵略者面前的一相情愿式的书生气，甚至还笃信扶乩等封建迷信，以及作为封疆大吏的他，生活中却又一直十分简朴，以致他最终的绝食而死。这些性格同时存在于他一身，看上去怪异而矛盾，尤其是生活简朴这一点，许多人都会觉得不解，因为像他这样性格的一个人，似乎应该生活奢侈才对，但是事实并不如此，这方面倒似乎在他身上是一个矛盾存在。英国人柯克，在

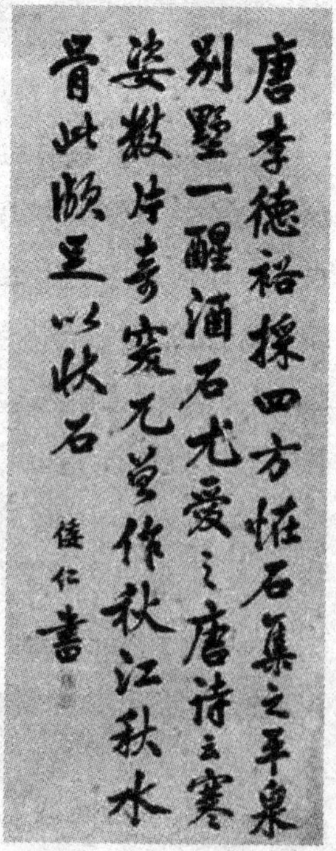
倭仁书法

叶名琛被俘后曾经采访过他，并将采访所得写进了其所著的《中国》一书中：

> 叶名琛身高 1.8 米，肥硕，留着中国式长而薄的胡须，前额缩入，头颅甚大，耳轮圆形，后脑稍涨满，头发稀少，不留长指甲。杏圆眼是他相貌中最引人注目的部分。
>
> 他意志坚强，性情顽梗。
>
> 他不抽鸦片，只饮热茶，早餐素食。生性俭朴，所穿之袍褂油渍光硬，据他自己说已穿了十年；在中国的家属求人带给他三千元作为在印度的零用，但至死未动用过分文。在私人生活方面，叶名琛是一位极可敬的中国人。[①]

的确，叶名琛是从“叶开泰”这样一个近乎商业神话的家庭里走出来的，在他的人生印象中确实一直都不曾缺过钱，有人曾将叶名琛的生活简朴归因为这一点，认为都是因为他见过、使过了大钱，所以才曾经沧海难为水，对那些小恩小惠嗤之以鼻，不贪污、不受贿——当然或许也有这方面原因；但是生活中这样的人比一般人更爱钱，也并不算稀奇——所以其应该不是叶名琛生活简朴的最主要原因。

对于倭仁的哲学思想，我们今天再看得稍加深入一点，便不难看出它对于稳定传统社会政治秩序是非常有利的，但是却与当时社会近代化的要求极端相悖。而叶名琛无论是作为一个人，还是作为一个封建社会的封疆大吏，无论是其人生表现还是其生命意义不正好与此相同吗？

1835 年，叶名琛会试得中，改庶吉士，入翰林院任编修。据说那年的会试考题是十分诡异的，许多在考前呼声很高的举子都因此而名落

---

① 转引自黄宇和《两广总督叶名琛》，中华书局 1983 年 7 月版。

孙山,其中要特别提的一个人就是曾国藩。据曾国藩后来自己回忆说,他考试时一看试题就蒙了,硬着头皮云里雾里的阐述一番后,没出考场便神情颓然了,所以名落孙山是连他自己也意料到了。历史有时也充满了偶然,如果曾国藩在1835年的那次会试中也考中,那么他也就与叶名琛成同科同年了,或许后来他们间的关系也会因此而更加紧密些吧！那一次,叶名琛科场得意,曾国藩铩羽而归,他们俩就这样擦肩而过。当然,他们擦肩而过还有一次,那就是1838年。这一年又是照例的会试之年,曾国藩当然得卷土重来。这次皇天不负有心人,曾国藩大获全胜,竟然被道光皇帝殿试点为第二名,得了个榜眼,改庶吉士,入翰林院检讨。此时,如果叶名琛还在翰林院,那他们该成为同僚了,但正是那一年,叶名琛被外放陕西兴安知府了,两人又一次擦肩而过。但是尽管如此,似乎并没妨碍两人间后来为了一共同的目标所进行的奇妙合作与相互支持。当然这又是后话。

叶名琛任职翰林院期间做的几件事很值得一提。第一件是为家乡汉阳县捐出俸银一万两,用于修筑长江的拦洪大堤,从此使汉阳"水不为患";第二件是曾捐出俸银二万两,用于增加湖北乡试文、武举人学额各二名,并从此成为惯例;第三件是曾与同在翰林院任职的沔阳人陆建瀛一起,发起鄂籍京官,捐资修复黄州城外之青云塔。这三件事情,不仅为叶名琛在翰林院赢得了清流的雅望,而且更为他在家乡获得了广泛的好评;甚至其中第三件事后来还被百姓附会出了一个故事,说叶名琛之所以后来能位及封疆,全赖修复这青云塔有功。原来当初青云塔倒塌后,当地乡绅曾到北京游说鄂籍京官修复此塔,说湖北一省风水全系于这青云塔上,此塔若能修复,鄂中必出

曾国藩

封拜之人。当时陆建瀛与叶名琛均在翰林院中,听此游说后,陆、叶二人主张修复此塔最力,并出资最多。不久该塔重修告成,不数年,陆建瀛被封两江总督,叶名琛封两广总督。这或许只是巧合吧,但人们更愿意将两人的升迁与当年的修塔联系起来。

改翰林院编修的职位,在清代官僚体系中从五品,虽然级别仍不算很高,但当时对于汉族知识分子来说,已是十分难得的,也是非常荣耀的了,因为这个职位似乎充满着希望,而事实上这个位职也的确有较多飞黄腾达的机会。通常来看,这机会有两个方面,一是通过给皇帝上折递疏,引起皇帝注意和赏识,从而获得迅速提拔和重用,如曾国藩入仕后的崭露头角,大体就是如此,曾国藩从1838年到1848年间,不断递折子,虽然一直不曾离京,但官职竟从翰林院检讨直做到内阁学士、礼部侍郎;二就是通过外放,取得政绩,获得提升。

叶名琛似乎走的是后一条道。至于他走上这条道是不是仅仅运气的原因,自己有没有作主动努力,史无记载,我们不能确说,也只能是做一点推测。

封建社会中,做得京官朝官,自然意味着所谓的"居届堂之高",意味着风光,但其实那也似乎是为官者一座十足的围城:为官地方时,即使做得再好,那也是所谓"处江湖之远",因此每个人都希望能有朝一日被皇帝赏识,将官做进京城甚至朝中去。但是,事实上也有一些京官甚至朝官,由于长期在朝得不到重视,他们有时看到许多的同僚,一生也就是在这种日复一日的案山牒海中如驴子拉磨一般没个尽头,以致终老,所以民间也就有一句"老死翰林"的俗话;更何况又在天子脚下,伴君如伴虎,一不小心就会倒在这拉磨的磨道里,万劫不复;与其如此,倒不如外放个郡县,天高皇帝远来得自在惬意,更何况那样或许碰巧弄出点政绩,提拔的机会反倒比在京城耗着要多。

叶名琛的祖父与父亲基本都是一直做京官的,但他们似乎最终都成了一头在官场磨道里转了一生的驴,叶名琛自然不想再这样。

机会终于来了，1838年，已在朝中获得清流雅望的叶名琛“京察一等”，用今天的话来说，就是在朝廷对京城官吏的考核中叶名琛被评为优秀等级，随即被外放为陕西省兴安知府，再用现在的话来说，成了一个地级市的一把手。

此时，我们不妨以叶名琛赴任后表现出的工作积极性和工作成绩来看，他对于自己的外放应该是高兴而愉快的，这似乎也证明了他的外放或许正是自己所希望和要求的。

不过叶名琛的这次外放，对于初出茅庐的他来说也真是一个考验。兴安是一个偏远州府，又是山区，地薄人穷，再加上地处陕西、四川、河南三省交界处，可谓是“穷山恶水出刁民”之所，历来游民横行、流贼猖獗，历任统治者都视其为“难治”。然而29岁的叶名琛却正是在这样一个难治之地，为自己真正的官场生涯获得了“能名”，也便就此开了个好头。他究竟采取了怎样的措施取得这样的成绩的，我们今天已很难具体一一例举，但是有一点还是值得一说的。这就是他通过“乡约”治理游民、流贼。

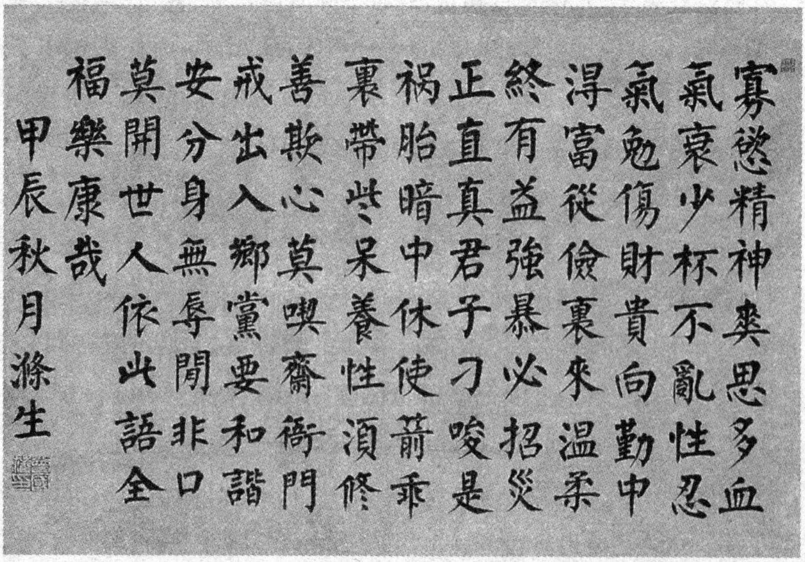

曾国藩书法

所谓游民、流贼，就是一些游手好闲，流窜作案的盗贼。对于这类人，官府自然很难对付，因为他们居无定所，流动性大，官府如一味追击，执法成本过大；但是如果听之任之，其危害又十分巨大。怎么办呢？叶名琛看到了大部分普通百姓对游民、流贼也几乎恨之入骨这一点，于是他想到了发动群众来对付他们。

叶名琛在府内各县，普遍建立“乡约”，就是将几户或几十户人家组成一个类似联防组，各级官府与他们互相协同，乡约一旦发现有流贼，自己现场监视协防的同时立即向官府报告。这种方式最大的一个好处是使得那些游民、流贼很难再有藏身之所，而只要没有藏身之所，他们就很难在本地呆下去。正是依靠这种形式，叶名琛在很短的时间内就在兴安游民、流贼的治理上取得了明显成效，不但获得了当地百姓的称赞与拥护，而且事实上也可谓是政绩明显。

一个从京城下到基层的官员，上任伊始就能取得这样的成绩，确实属难能可贵，但是如果这个下基层的官员不是朝中有人，不是他下基层本身只是一种镀金，一种获得政治资本的手段，而是或被挤下来的，或被罚下来的，或自己在朝中争斗中倦了而自寻清静下来的，那么，他的这种“基层锻炼”何时是个尽头那是很难说的，甚至会就此完全没有尽头。这样的事，这样的人，历朝都不缺乏。但对于叶名琛则不同，他的外放，朝中并不缺乏一直关注他的眼睛，更不缺乏及时为他说话的人，他缺乏的就是一点所谓的政绩；现在好了，政绩有了，有这么一点就够了。因此，仅仅一年后，也就是 1839 年，他就“擢升雁平道”了。

三十岁的叶名琛，科场得意后又迎来了官场得意！

这时，或许只有叶名琛的父亲叶志诜心多不安，因为他一直记着自己的这个儿子命中“不宜西北”，而兴安与雁平正是西北。

然而，仿佛天随人意，叶名琛在雁平道任上也仅仅一年便调离了，并就此开始了一段极为罕见，也极具戏剧性的官场调遣，以至于我们今天在研究他这段时间的履历时,史书上有关他的官职任免使我们有点眼花缭乱,也使我们有点莫名其妙。不过似乎总的一点是清晰的,他此后任职的确是很少去"西北",而是真的往南方去了,且越来越南了。

1840年调江西盐法道。

1842年初,升至云南按察使。

1842年底,擢升湖南布政使。

1843年调江宁布政使,但朝廷颁旨不久随后又被取消而改任甘肃布政使。

这里需补充作一点说明:原来根据大清律条,官员不得在自籍任职。或许朝廷当初任命时,只知道叶名琛籍贯是湖北汉阳,并不清楚他原籍是江宁溧水,也或许虽然知道,但以为都已隔了数代,不必再回避了,但得到任命后,叶名琛还是如实报告,叶家虽然到自己一辈已"迁楚三世",但仍"与吴人乡谊尤笃"。而事实上也的确如此,虽然叶文机创立"叶开泰"早在明代崇祯年间,但叶家一直仍籍在溧水,至少到叶名琛的曾祖叶廷芳时仍是如此,因为他的科举身份还是"溧水庠生"。因此,当叶名琛被任命为江宁布政使时,也就理应回避了——在他心目中,自己既是汉阳人,也是江宁人。事实上叶名琛也是这样做的。后来叶名琛已做两广总督了,有一年长江大水,湖北与江宁都曾遭灾,叶名琛为此而给两地各捐款纹银5000两。另外,"叶开泰"还有一个一直遵守的用人原则,即店员中七成为溧水人,一成徽州人,两成为本地人,且这一原则一直到1949年前后也是如此。之所以如此,就是因为叶家认为自己是溧水人,祖籍是徽州,现在居本地。

叶名琛在官场平步青云的这几年,恰恰是鸦片战争的几年,然而大清沿海的炮声与硝烟似乎离叶名琛很远,更一点也没有影响到他的升迁。那几年,叶名琛升迁速度之快简直到了令人咂舌的程度,这不能不让人再次想到他在朝的那张关系网的作用,因为若说政绩,他此阶段真是谈不上,那是明眼人都可以看得出的——他那些任职的地方,相隔多千里，在那时的交通条件下，来去一趟路上都要用上数月时间，而他都只是在任上一年不到就调离了，如此连屁股底下的椅子也难以坐热，政绩又从何谈起！但官场之上，提拔你总有提拔的理由，如同要撤了你也总有撤了你的原因一样，是挡不住的，而那场远在千里之外的海边的战争自然也挡不住叶名琛的平步青云。不过，对于远在千里之外的这场由鸦片引发的战争，叶名琛作为一个消息灵通的官员，不可能没有所耳闻，但是他得到的消息是，朝野上下并没与过去发生多大变化，他并没有看到后来历史书中所描述的那样朝野震惊、人心惶惶。甚至到后来，他又得到消息说，英人竟然攻破了林则徐当年精心构造的沙角炮台，再后来清军又失了镇海……他仍与当时许多大清官员一样，并没多将此放在心上，甚至仍书生气十足地想，一个远在万里之外的"蕞尔岛国"，就开过这么几艘兵船来，在海上放上这么几炮，就能将我们的大清帝国怎么样了，完全是痴人说梦！一切只是他们的虚张声势而已，他们的目的，说到底"徒求贸易耳"，而大清国有的是钱，大不了最终花几个银子打发了事。此时的叶名琛，既不会想到自己有一天将会与这场战争扯上不解的关系；也不会想到就是这么一个万里之外"蕞尔岛国"，注定将使自己服务的这么一个老大帝国落花流水；更不会想到一个新的时代也将随之而来临。

或许真是应了叶名琛命中"不宜西北"的谶谕吧，叶名琛由江宁布政使改任甘肃不久，他就得到母亲在家不幸去世的噩耗。不过这一下倒也好了，甘肃不用多呆了。根据清朝官制，叶名琛很快便离职以丁母忧，并一去就是三年。

1844 年 1 月，叶名琛回到了汉口的"叶开泰"。

如前所叙，叶名琛丁忧前，除做了一年知府、一年道台、一年按察使外，已做了一年盐法道和三处三任布政使。盐法道和布政使都是税官，布政使的主要职责是督促辖内各地按定额征收地丁和杂税，并及时上交；盐法道就是盐税官，清朝一直实行食盐专营制度，因此盐税也一直是另外设官另征。这不难看出叶名琛在这一阶段里，主要工作都是与钱粮税银打交道，也可谓是个经济官员。说实话，叶名琛虽然出生于医宦世家，从小就没少耳濡目染生意经，但是那时候他对这一切并不感兴趣，那时，年轻气盛的他总觉得那都是俗事，因为他那时所受的教育都是“万般皆下品，唯有读书高”嘛，觉得只有诗文才是“经国之大业，不朽之盛事”，但丁忧期间的叶名琛，却有了很大的改变，他似乎对吟诗弄文不再感兴趣——再则丁忧期间也不该捣鼓那些，他变得开始关注起“叶开泰”的经营，且似乎还很有兴趣。那三年中“叶开泰”从掌柜到伙计，每天都可以看到年轻的叶名琛有事没事就爱在店里转悠，他似乎对店里的一切都充满了好奇，一会儿他会向制药师傅请教某种药材的产地、价格和功效等，一会儿又向掌柜先生打听店里的收支状况、员工薪水等，一会儿又向坐堂医生讨论起人体经脉、穴位分布等等，甚至有时还与来店里求医和抓药的病家也攀谈得火热。店里人都知道这是叶家的大少爷，自然是对于他的问题有问必答。那时，与叶名琛交往过的这些人，觉得这个叶家大少爷，虽是个大官，但一点儿架子也没有，与他后来在部属面前的形象似乎判若两人。

就这样，叶名琛在丁忧的三年中，不但几乎成了“叶开泰”的一个练习生或学徒，有时甚至还真的参与店里大大小小的一些具体事务，当然他参与最多的是利用自己的官场身份，代表店里与官府作些必要的沟通与协调，但有时也直接参与进、销、存等盘点清理等。正是通过这些活动，叶名琛不但了解了经济活动中不可不懂的一些常识，如何核算成本、计算收支、开源节流等等，还学会了与各种商户，也就是“叶开泰”的五花八门的一些合作伙伴打交道，不但以此实际领略和学会了施小取大、薄利多销、讨价还价等生意规则，也学会了生意场上那种虚与委蛇、虚张声势、虚虚实实等一套揣摩、算计甚至讹诈的手段。叶名琛后来总督两广时，曾以善于理财而在清代官员中名噪一时，因为那时，大清最大的两处税源地两江与两广，前者已被太平天国占领，只剩下叶名琛主政的两广一处，还似乎源源不断地为大清输送着为镇压太平天国所需的大量税金与饷银。或许叶名琛后来所表现出的种种理财本领，其最初的获得正是与这一段时间的经历所分不开的吧！或许也正是因为这一段经历，叶名琛对于经济的认识也仅仅停留在“叶开泰”时代，因此而对于以殖民贸易为标志的近代化世界经济潮流显然缺乏认识，甚至一无所知，而其表现又体现在两个方面：一是当殖民主义者的经济侵略与民族工商业间发生矛盾与冲突时，他始终坚定地站在民族一方，尽力维护其利益，似乎成了民族工商业的代言人；二是对于殖民主义者的这种鸦片加大炮式的贸易显然估计不足，始终都认为“洋人徒求贸易耳”。这一切，或许也正是我们认识叶名琛在后来的第二次鸦片战争中所表现出的种种迂腐、无知、强硬和他可笑、可悲、可叹命运的前提——这一前提绝不应该在他个人道德层面上寻找。

1846年初，叶名琛丁忧“服阕”，授广东布政使。道光皇帝将清政府的第二大税源地两广的税收大任交给了他，看来此时清廷已完全将叶名琛看作是一个理财高手而加以重用了，当然，这种重用实际上三年前就已经开始了——那次清廷差一点就将清政府的另一大税源地两江交给他——只是偶然原因一岔再岔至今。

叶名琛被任命为广东布政使，第一个从心里感到欣慰的自然是他的父亲叶志诜，因为他一直清楚地记着他这个儿子命中注定“宜东南”，而广州可谓是中国的最南方了，因此自然从此会更加的平步青云。

谁知几乎刚接到任命，叶名琛又“旋命署顺天府尹，充武乡试校射大臣。”为此，叶志诜的心里不禁咯噔了一声：难道又要像三年前一样，已经任命的看着很不错的位置又要被挪了？

皇命自然难为，叶名琛赶紧去北京就任。可哪知道就是在这么个暂时代理性的非正式职务的位置上竟然出了差错，就是在叶名琛负责的这次顺天武举乡试中，竟发生了“武举弓石力不符”的事情，于是考试结束后，叶名琛随即被“下部议处”。

然而，或许是道光皇帝急于用人格外开恩，或许是叶名琛在朝中的关系网又一次起了作用，这次叶名琛运气好极了，只在京逗留了一段时间后，竟然奇迹般地获准赴任原职。只是此时已1846年11月了，算起来从任命到赴任，已耽误了近一年。

第三章
感恩羊城 加官晋爵

叶名琛是怀着一颗感恩的赤子之心来到广州的。

官场之上，就一般情况下来说，有时只需一个小小的跟头，就会一蹶不振，因为竞争对手或许正等着的就是你这个小小跟头而置你于死地哩。而叶名琛在跌了一个小跟头后，除了只耽误了一点上任新官的时间外，几乎毫发未损，这无论如何都不能不让叶名琛对清廷、对道光皇帝心怀感恩。正是怀着如此感恩之心，叶名琛此番来粤，自然满怀着一腔壮志，他要为这个似乎有点山雨欲来的大清王朝尽一份自己的力量。

叶名琛到达广州时已是当年年底了。下车伊始，他便真切地感受到了这座地处岭南的城市的确在中国城市中的与众不同。有生以来，叶名琛在这个季节里都习惯了天寒地冻的景象，可眼下竟春意盎然一派生机，这不禁让他在心里暗暗感叹道：真是个好地方呵！

两广总督署复效果原图

广东布政使衙门设在广东巡抚衙门内，叶名琛在门前落轿后，只见衙门内外可称得上是花团锦簇。走进大门，是一不大的庭院，院中见两盆开得正盛的山茶，每朵花有碗口那么大，火红欲燃，本来背在大门和照壁后有点阴冷的庭院，似乎因之而热闹了许多；大堂之上，大案两侧，左边是一盆金橘，右边一盆发财。那橘小而圆，一颗一颗，金光闪亮地散布在青枝绿叶间，煞是喜人；而那盆发财，青翠欲滴，生机勃勃，让人看了满眼青葱，如在春天。叶名琛知道，将它们摆放于此，寓意自然是“过年大吉”和“四季发财”；再想到布政使原本是税官，图“大吉”求“发财”，原本应该；如此布置，倒也算是文正对题。看来下属们对此还是花了一番心思的。

下属告诉叶名琛，这都是为了迎接他的到任僚属们特意布置的；同时又告诉他，粤人过年有观花、送花的习俗，所以广州又名花城。

的确，叶名琛一路走来，大街小巷之中，他见得最多的就是鲜花，人们卖花、买花，临街的店面、窗口和门楣上都用各色的花装点着，似乎人人都在为花而忙碌，一座城市因此而似乎成了花的海洋。

然而，此时的广州，鲜花背后却隐藏着巨大的危机，甚至可以说，这广州城本身就是一个随时都会爆炸的巨大火药桶。

何以如此，这得从广州的地理和历史说起。

传说很久以前，广州一带还是一片荒芜，有一年发生了大饥荒，可是那里的官府却照常逼百姓缴税纳贡，弄得民不聊生。越秀山下有户人家，只父子二人，父亲老而多病，儿子年幼体弱，自然家徒四壁、一贫如洗，但官府仍要他们三天之内缴齐税粮，否则就要父亲的命。十分孝顺的儿子，此时别无他法，唯有痛哭，没想到他的哭声竟感动了天上的五位仙人，仙人们各骑着一只不同颜色的羊来到了少年面前，并掏出一把谷子，让少年赶快把谷子种进土里，说明天天亮时就能收获很多的稻谷了；他们还告诉少年，以后如果遇到了困难，就到山脚下找他们。说完仙人就不见了。少年按照仙人的吩咐，将信将疑地种下了谷粒，第二天果然稻谷成熟大有收获。少年向官府如数交上了税粮，这让官老爷奇怪万分，威逼少年说出了其中秘密。没想到黑心的官老爷命令少年马上带路去越秀山下捉拿仙人。来到越秀山下，少年急得再次大哭，五位仙人果真说到就到，他们知道原委后腾空而起，将手中谷粒全撒在了山下大片的土地上，只见他们留下的五只羊此时相互簇拥在一起，成了一块大石头，再细看竟是五只羊的石像。转眼之间，周边长出了稻穗，又转眼之间稻穗全部成熟，于是百姓得救，度过了饥荒。渐渐的，这儿发展成了一座城市，这就是广州；也因为这个传说，广州又称五羊之城，或羊城。

广州城市标志——五羊雕塑

民间传说当然只是传说，当不得真，但

是民间传说有时正是历史文化的化石。这个“五羊衔谷，萃于楚庭”的故事，正反映了古代很长一段时间，岭南民不聊生，中原百姓纷纷携带家畜、农作物向南迁徙的事实。

广州地处中国大陆的最南端，面临南中国海，北依珠江三角洲和岭南大片丘陵，再往北则由南岭与湖湘平原相隔，但山间也有高峡、深谷与之相连。由于这种特殊的地理位置，岭南似乎是中国大陆上一个相对独立的地理单位，自然其纳入中原经济和政治的版图也相对较晚。秦以前那里一直是少数民族聚居区，秦朝末年秦帝国才平定了那里的少数民族政权，但仍实行民族自治的方式；到了汉代末年和三国时期，由于中原战乱，汉人才大量南迁至岭南，那里的人口结构才因此而发生改变；到了唐代，政府为了加强对于那里的政治统治和经济管理，修建了从中原通往岭南的“大庾道”，那里与内地的关系才渐渐紧密起来；两宋以后，随着中国经济和文化中心的南移，岭南才得到大规模的开发。岭南虽然气候温暖湿润，但境内多山，以广东为例，境内平原只有珠江三角洲一带，占全省总面积不到30%，而丘陵和山地倒占了全省总面积的70%以上，所以农业生产一直并不十分发达，倒是商

鸦片战争前的广州城外街景

鸦片战争前，中国人吸食鸦片、旱烟和水烟的情景

业、手工业顺其自然地从很早就发达了起来。商业手工业的发达，自然拉动着贸易的发达，所以省会广州历来都是岭南最大的商品集散地；而广东省有着2500多公里的海岸线，广州又地处珠江入海口，自然它也成了中国最早开展海外贸易的城市。在最初的海外贸易中，广州的出口物资大体上除了地产和来自湖湘等地的稻米外，还有来自两江的丝绸、茶叶和来自江西景德景的瓷器等，在贸易额上也一直处于“顺差”状况，这无论是对于当地百姓和当地政府，还是对于中央政府，都是好事：前者可以获得商业利益，后者可以获得巨额税收。这就是广州虽然天高皇帝远，但历代中央政府都对它一直心怀系之的主要原因。

在中外贸易中中方长期处于“顺差”地位，让海外诸多贸易国长期不满，不过生意场上历来都是“店大欺客，客大欺店”，由于中国一直是坐地贸易，且这个“店”一直很大，所以谁也不能奈何，双方也就一直相安无事。可是时到近代，由于西方社会在世界上率先进入资本主义，经济、文化、军事和科技均迅速发达了起来，一直在贸易中长期被中方“欺”着的那些“客”越来越大了起来，终于想要反过来一“欺”中国这个“店”了。

他们首先要颠覆的是中国长期在贸易中的“顺差”的地位，于是他们想到了一种东西，那就是鸦片。这种从罂粟果实中提取出的东西，经处理过后人吸食起来不但奇香无比，而且会刺激神经，让人兴奋至欲仙欲死的境界；更重要的是，这种东西人一旦沾上便会成瘾，即使想戒，也是难上加难。

最早是由葡萄牙人于16世纪初开始在广州倾销鸦片，到1773年，英国东印度公司也正式开始参加向中国倾销鸦片的活动，并很快取得了垄断地位。自然而然，清政府很快便发现了鸦片对于人们身体与精神所造成的恶果是毁灭性的，于是乾隆皇帝于1792年便下旨禁止鸦片。但是，由于吸食鸦片者的队伍一旦形成，就一时只会壮大而很难消减；再加上鸦片贸易朝廷既已禁止便不再收税，只要走私成功更是有暴利可图，所以实际上对于鸦片，不但一直处于禁而不止的状况，而且越来越猖獗。仅以东印度

林则徐

公司为例，据统计其对中国输出的鸦片，最初是每年是200箱（每箱约140磅），到1767年发展为1000箱，到十九世纪初增至每年4000箱，到二十年代进一步增至8000箱，到1828年至1835年间，平均每年17000箱，到1835年至1839年间更猛增至每年30000箱以上。鸦片的大量走私，给清政府造成的恶果有两个：一是人民身心健康状况急剧恶化；二使中国的大量白银外流，造成国内急剧的通货膨胀，人民生活困难，各地大小暴动和起义频仍。尤其是后者，已严重地威胁到了清政

府的统治，为此清政府不得不再次严禁鸦片。1839年，道光皇帝任命林则徐为钦差大臣、两广总督赴粤，很快便发动了“虎门销烟”，随之也就爆发了鸦片战争，然后是中国战败而与英国签订不平等的《南京条约》等，被迫割地、赔款、通商……

对于这一切，叶名琛在到达广州之前已比较清楚地知道了，因为他在得到广东布政使的任命后，为迅速了解自己将赴任的这块辖地，他便找来了一些相关书籍和资料阅读了。这也是他这些年在各地调任过程中渐渐养成的一个习惯。另外，他还利用担任武乡试校射大臣和“下部议处”留京的机会，在朝野上下进行了一些走访和调查，更进一步了解了鸦片战争前后的许多内幕，以及广东的一些现状。

鸦片战争无疑给了清政府一个响亮的耳光，让它丢尽了面子，但国人似乎并没因此而有所觉醒，朝廷之上也似乎因此而分成了两派，一是主战派，二是主和派。两派从战前吵到战后。当初，战争正在进行时，尤其是清军无论是“绿营”还是“八旗”，都在英国人的进攻下一触即溃之时，自然主和派比较占上风；可眼下战争停歇了，占上风的渐渐又变成主战派了：主战派认为，之所以落得如此，完全是因为撤了林则徐，而没有一直重用他一战到底。在主战派的眼中，那些主和派人物，

人民英雄纪念碑上“虎门销烟”的浮雕。

似乎就是卖国贼，成了民族罪人；可主和派则认为，现在好歹战争暂停了，只是付出了点割地、赔款、通商等代价，并没有伤及大清元气，这是不幸之中万幸。说实话，此时的叶名琛对双方的认识似乎都觉得有一定道理，无论是就其客观地位来说，还是自己的主观认识的形成来说，他都还说不上属于主战派还是主和派，当然有所倾向还是会的——他隐约觉得自己似乎对主战派有所倾向，因为毕竟是在战没完全打完便和的嘛，如果真打到底，到底会怎么样？毕竟尚未见底；而和则是见了底的，又是割地，又是赔款，又是五口通商，毕竟全是很丢面子的事嘛！

而此时粤中的最高军政长官——两广总督，正是主和派的代表人物耆英，当年在南京长江江面上的英国军舰康华丽号上与英国人在《南京条约》上签字的正是他。为此，叶名琛对自己这位最新的上司，以及他对自己的态度，和自己与他的关系，隐隐产生了一种担心和不安。

新官到任，"拜门头"自然是少不了的，叶名琛自然也一样。在广州安顿下来后，叶名琛自然首先是利用过年的机会，与上下各级官员进行了一番走动与沟通。这过程中自然多是一些场面上的寒暄客套，但是叶名琛也感觉到有几个官员与自己似乎颇为有缘，如广东巡抚徐广缙便是其中之一。

巡抚当然是布政使的顶头上司，但是叶名琛与他似乎一见如故，

《南京条约》签订时的情景，中坐左起第一为耆英

英国公使德庇时

而对方也似乎有点相见恨晚，叶名琛因此心想，这人与人之间或许真的是有缘分的。叶名琛与徐广缙第一次见面，双方就作了较为深入的交谈，叶名琛也由此而对广东尤其是广州的现状第一次有了比较清晰的认识，这就是：鸦片战争后的广州，官府、洋人、当地百姓和地方乡绅，四个方面，没有一方满意，各方似乎都心怀着很大的不满、愤怒，甚至仇恨，互相间各种矛盾又纠结在一起，错综而复杂。对此若不设身处地，进而身临其境，是万难理解的。

鸦片战争后签订的《南京条约》等一系列条约，中方每每提起总要在前面加一定语“不平等”，朝野上下对洋人行径虽多无奈，但心多不满，这是自可理解的；但是照常理推断，洋人既得到了割地，又得到了赔款，又达到了中国增开五口通商的目的等等，自然应该满意了呵！如有不满，干嘛不早在订约之前就干脆一下达到满意的目的为止呢？原来其中自有原委。

原来《南京条约》及其《五口通商章程》规定，中国在战后开放广州、福州、厦门、宁波和上海等五个城市为通商口岸，并进一步规定在这些通商口岸英国人可以自由出入并设立领事馆等。然而，英国人在广州通商一直受到种种限制，实际上不要说在广州设立领事馆了，连进城也不被允许，这让英人颇为不满，为此一再向中国官方施加压力，尤其是向两广总督耆英施加压力，因为在英国人看来，这中英《南京条约》及其《五口通商章程》等一系列条约都是你耆英签字画押的，你又当这个两广总督，更没有不遵守的道理！而在高压下的耆英，则采取糊和拖的办法，每在被英人逼急了的情况下，总以“粤事不易为”和“粤民强悍，请徐图之”作推托。1847 年 4 月 2 日，香港总督、英国公使德庇

1845年，英国与清政府签订《上海租地章程》，在上海划定中国第一个租界，美、法继起效尤。

时，率大队炮舰陈兵广州城下，此时耆英再次老调重弹，但这次英国人要耆英一定要给出一个让他们入广州的时间表，于是耆英与英国人再次达成一妥协协议，答应到1849年4月6日后允许英国人进入广州。但事实上耆英心里早有他的小九九，他的真实想法是拖它两年，也即过得两年清静日子再说；因为他同时正不断向朝廷申请“内用”，以期在这两年之内，自己就将这烫手的山芋扔给别人。所以叶名琛到达广州时，英国人的“怒火”只是因为种种原因被耆英的一口承诺暂时缓和在那里。

那么被朝野上下都视为与投降派无异的主和派首领耆英，为什么又会在英人入城问题上如此冒犯英国人呢？原来也并不是耆英本人想这样，而是广东地方乡绅和当地百姓一致不允。尽管乡绅与百姓本来多有矛盾，但是在这一问题上却出奇的态度一致，原因是他们都痛恨洋人。

在五口通商之前，广州实际上就已经是一个通商口岸了，且是中国唯一的通商口岸，那时候，江南的茶叶、丝绸与瓷器等，如欲外贸，一般都是先运到广州，由所谓的“十三洋行”外贸商人转而出口给外商，这过程中以“十三洋行”为代表的广州地方乡绅自然从中获利丰厚，据史书载，如伍氏怡和洋行，鼎盛时资产竟达8000余万元。可是自从《南京条约》规定五口通商后，江南的茶叶、丝绸和瓷器等，都就近从上海、宁波等地直接出口了，这样广州的贸易自然一落千丈，而那些本依靠其而坐收渔利的乡绅利益也一落千丈，他们自然恨这《南京条约》及其《五口通商章程》，当然最终是恨洋人连带着恨官府，在他们看来，洋人太贪得无厌，官府太无能。那么当地百姓为什么也会与地方乡绅态度一致的呢？原来随着广州外贸业的一落千丈，洋行自然是关门的关门，裁员的裁员，于是百姓失业人数大增，生活纷纷陷入贫困，自然而然也加入了仇洋与恨官的行列中。再加上鸦片战争后，英人既已是战胜国，比之从前更是盛气凌人，所以越发张狂，平时所到之处寻衅滋事，这也让广大百姓多有不满；而粤人本又以性情刚烈著称，所以一时间，百姓与英人冲突事件不但不断，而且规模也越来越大，如历史上著名的“三元里抗英”即是其中之一。乡绅和百姓不承认《南京条约》等，他们搬出乾隆年间朝廷颁布的通商旧制与以耆英为首的官府交涉，耆英当然无法解答，他只能将乡绅递上的揭帖置之不理，可在内心实在是恨那些乡绅与百姓的“添乱”。就这样，围绕着各方矛盾纠结在一起，广州也就自然成了个一触即炸的火药桶，随时都会将与之有关的人炸个粉碎。

当叶名琛知道了这些后，他的心情是沉重而复杂的。尽管来广州前，他对于洋人洋枪洋炮的厉害，从清军的败绩到街头巷尾的道听途说中还是有了一些推断和想象的；对于“夷务”的难办，他也从林则徐的充军新疆而有了些心理准备，但说实在的，对于这“夷务”中如此复杂的矛盾，还是多少有点超出了他的想象。不过，尽管如此，他还是相信，自己既然能一帆风顺平步青云地走到今天，就一定能找到一个万全之策来对付各方，化解矛盾，以致最终既不负圣恩，又不负百姓和自已。

但是自己的万全之策是什么呢？在哪里呢？

叶名琛还是一片茫然。

正是因为叶名琛心怀这份茫然，让他到任后自然而然地对广州城外的一个小村子关注了起来，因为那里正发生着一件看似偶然的事件。

那个小村子叫黄竹岐。就在叶名琛到任后不久后的一天，一队武装的英军闯进了这个村子，试图奸淫劫掠，随之与村民发生冲突，在冲突中，有六名英军士兵被村民打死，也有两名村民被英军枪杀。

事件发生后，香港总督、英国公使德庇时立即找耆英交涉，其无视村民的情绪，也无视在冲突中也有两名村民被杀的事实，威胁耆英说，如果清政府不立刻交出所谓"肇事头目"并赔偿他们的所谓"损失"，英国将立即下令"撤走在广州的所有英国侨民"，意思就是随即开战。面对英人的如此无理要求，耆英的选择是再次妥协。他首先答应立即逮捕"肇事头目"并交英方，并派兵前往黄竹岐。可谁知村民拒不交出任何人员，耆英再次派出大队人马前往，而村民竟然迅速在村里筑起了战壕，垒起了巷垒，准备武装反抗；与此同时，他们又向周边十里八乡广泛传发告急揭帖，请求声援和支持，眼看着一场武装暴动甚至武装起义就要爆发。而与此同时，广州城里的公众舆论也是一边倒地同情和支持村民，并谴责官府和英军。英国人和耆英这时候都看到他们的行为已触动了众怒，于是转而又都急忙寻找下台的台阶。这种情况下耆英真不亏是一个老练的政客，他很快下令杀了四个"肇事头目"，并将首级"赔偿"给英国人，而事实上到底是什么人的头，谁也不知道；英国人也没再追究，就此也下了台阶。

又不久，耆英果然等来了他盼望已久的"内用"，终于如愿以偿地离开了广州这个是非之地。徐广缙接替耆英任两广总督，叶名琛擢升为广东巡抚。时在 1848 年夏，叶名琛赴粤还不到一年。

叶名琛对于“黄竹岐事件”一直十分关注。通过这一事件,他既看到了英国人的蛮横无理和得寸进尺,但也看到了作为侵略者的他们似乎外强中干的本质;既看到了耆英为首的官府大吏的妥协与无能,但也看到了民众不畏强暴的力量,以及这种力量所起的效果。或许正是如此,让叶名琛在一种茫茫然中看到了他要寻找的那条万全之策的雏形,即让民众与洋人互为制衡,即所谓“以众制夷”,既不得罪民众,也不激怒洋人,当然更不辱没“国体”。这从叶名琛事后写给朝廷的奏折可以很清楚地看出来:

> 查夷性贪利,惟以通商为主,懋迁有无,断不能舍内地百姓,别图交易,尚不敢显与民抗……查广东民情,原属浮动,全在地方官平日团结,联成一体。无事则安民以抚夷,有事则用民以防夷,主为正办。到于琐屑细故,亦不得不量为变通,见示羁縻。固不可失之操切,致启衅端;亦不可过于俯从,有损国体。①

没想到叶名琛的这一想法,不意之中正中了道光皇帝的下怀。

鸦片战争最终虽然是在主和派人物琦善、伊里布和耆英等人的“抚夷”下停歇下来了,但毕竟道光皇帝如同给人打了一记响亮耳光一样,事后每每回想起来脸上似乎总有点火烧火辣,所以不免耿耿于怀,总希望能尽快能有人为他多少挽回些面子;再加上,正如上文所说,朝中一旦遇到“主和”与“主战”之争,每每是和时“主战派”吃香而战时“主和派”得意的规律,在鸦片战争的硝烟散去几年后,琦善、耆英等人,似乎也成了朝中与当年秦桧无异的过街老鼠。正是这种情况下,叶名琛等又似乎找到了一条对付洋人保全“国体”、为道光皇帝挽回些面子的途径,岂能不正中道光皇帝的下怀!所以耆英的“内用”,以至于后

① 转引自黄宇和《两广总督叶名琛》第122页。中华书局1983年7月版。

今日虎门沙角炮台旧址

来被白绫赐死，也便十分自然了。总之，这时候道光皇帝在“夷务”上的态度已发生了变化。这从下面他在罢了耆英的官的当天写给军机大臣的一道“圣谕”中不难清楚地看出：

> 本日已有旨着耆英来京陛见，所有两广总督印务，及钦差大臣关防，均交徐广缙署理矣。徐广缙经朕简任广东巡抚，到任已年余，于地方情形，及一切夷务，自应熟习机宜，妥慎办理。惟疆寄重在民心，民心不失，则外侮可弥。嗣后遇有民夷交涉事件，不可瞻循迁就，有失民心。至于变通参酌，是在该督署临时加意权衡体察。总期以诚实结民情，以羁縻办夷务，方为不负委任。[①]

道光皇帝与叶名琛君臣之间如此不谋而合、高度一致，耆英们的

① 转引自萧一山《清代通史》第356—357页。1963年台北版。

一套妥协办法看来是要终结了。然而,耆英们留下的残局远没有收拾哩,具体地说,当年他因为烫手而留下的那个山芋,现在终于落在徐广缙与叶名琛的手上了。

似乎转眼之间, 耆英与英国人当年约定的两年期限就要到了,英国人依据约定再次要求进入广州。

1849年春,此时英国公使、香港总督虽然换了文翰(S.G.Bonham),但他并没有忘记两年前耆英的那个允诺, 且比德庇时更加来势汹汹,他亲率舰队从香港直入珠江,逆流而上,半路传话至两广总督署,要求与徐文缙"入城议事"。徐广缙自然予以坚决抵制,他大义凛然地只身乘一小船出虎门炮台外的珠江江面,半途上拦下英舰,并登舰与文翰会谈。

1849年间的英国公使文翰

没想到文翰这次竟得寸进尺,他除了要求进城外, 还提出了许多其他要求,如要求鸦片贸易合法化,重新协定关税税率, 以及要求租地建房等等。许广缙当然一条也没有答应,并逐条加以驳议。在徐广缙的驳议下, 英人对于新提的要求似乎有放弃之意, 唯独对于进入广州一条,任凭徐广缙如何进行解释也好,争吵也罢,英国人就是软硬不吃,那文翰更是坚决要求以耆英于1847年2月21日订下的协定为准,并一再扬言,等期限一到,英国商民将全部进驻广州,并要求徐广缙,在此之前代为发布布告,张贴于广州城内外。徐广缙自然与当年的耆英一样,陷入了两难的尴尬境地。他当然知道,如坚决抵制英国人进城,那英国人终究不是好惹的,势必会引起事端,但即便如此,倒可赢得民心,如能众心一致,众志成城,说不定倒可与英人一搏;如果答应英国人入城，势必会失去民心，民心一旦涣散，那将是不可收拾，且粤人又素来性情慓悍，最终会闹出怎么样的乱子，真是难以想象！于是“两害相较取其轻”，徐广缙坚决不肯答应英人入广州的要求。会谈最后自然是不欢而散。

徐广缙回到广州督署后，赶紧做的第一件事便是向下属各地发布警报，并迅速秘密召集各地乡勇团练，短时间内竟集结起了 10 多万人——因为在百姓印象中，从前耆英在任时，每遇洋人进逼，官府似乎总是站在洋人一边弹压百姓，他们因此而一直憋着一口恶气在胸；而这次是官府要求百姓准备与洋人来硬的了，自然可以出这口恶气了。于是徐广缙与叶名琛一时竟一呼百应，民众热情高涨，欲与英军一战。与其同时，徐广缙又指示乡绅们以民间的名义再次与文翰交涉，希望再作努力让英国人放弃进入广州的要求，以求相安无事。乡绅本来就如上面所说的原因，也不愿英人入城，自然也愿意为自己的利益再做一次努力。有个叫许祥光的道员以绅士代表的名义，专门致信文翰：

> 粤省通商二百余年，各国远人，皆在十三行居住，城外既无间华夷，刚入城又何分畛域。不知省会之地，发居稠密，良莠不齐，往往倚主陵客，遇事兴波，于是闲人之积愤生事者有之，土匪趁机抢劫者有之，民情习俗，均非上海、福建之可比，此贵国人所共知也。今贵使谬执前约，而不深思远虑，不过欲以贵国体面，夸耀于人，以为入城则荣，不入城则辱耳。不知无端而召众怨，举足而蹈危机，是慕虚名而贾实祸，求荣反辱，智者必有所不为也。①

这样一封中国式的又书生气和迂腐气十足的信，岂能让英国人改

① 《清史·列传》卷四十、卷四十八，转引自萧一山《清代通史》 1963 年台北版。

珠江要塞

变既定的决心！就在这信递出第二天，英国舰队便从珠江逆流而上直奔广州而来。危急时刻，督抚分工，由徐广缙再次与英人作最后交涉，而叶名琛则临场策划和指挥早已集结的乡勇团练，以防不测。果然，这次英国人知道徐广缙态度不会改变，根本就不想与他多谈，只想扣下他为人质，以逼迫中方同意他们入城。然而此时此刻，令他们没有想到的是，英舰周围和两岸，10 多万乡勇团练，齐声高呼，一时间杀声震天……英国人见此情此景，不禁乱了阵脚，因为他们在此前后，也曾四处宣传，自我标榜，说他们入城只为贸易，与百姓并没有矛盾，有矛盾的只是中国官府，而眼前阵势，如果大开杀戒，不但会犯了众怒，而且无异于自打嘴巴，所以不得不放弃他们原定的计划，被迫放了徐广缙，并答应就此暂不再提入城一事。

一场危机就这样化解了，于是徐广缙与叶名琛联名上奏，向道光皇帝报告这一“伟大”胜利：

现在英夷罢议进城，实因省城官民，齐心保护，防御森严，畏葸中止。是声威远播，已属信而有征。计自正月二十七日至三月二十日，居民则以工，铺户则以伙伴，均择其强壮可靠者充补。挨户注册，不得在外雇募，公司筹备经费，置造器械，添设栅栏，共团勇至十余万人。无事则各安工作，有事则立出捍卫，明处不见荷戈持戟之人，暗中实皆折冲御侮之士，即至小街僻巷，亦皆歇力摒挡，争先恐后。至省城向洋与外洋交易各行商，皆富有资本，安分营生，非官所能操纵，亦复激于义愤，情愿歇业亏资，一律停贸。瞻徇违约者罚，知情报信者赏，坚持已用两月，夷商甚为窘促。虽诱以甘言，饵以贱值，无一应者，众志成城，坚逾金石，用能内戢土匪，外警猾夷。①

不难想象，道光皇帝接到这样的奏折，一定是龙颜大悦，果然，他先是用流畅的朱笔在奏折上难得动容地御批道：

洋务之兴十年矣。……朕深恐沿海居民蹂躏之虞，故一切隐忍待之。……本日由驿驰奏，……入城之议已寝。……不折一兵，不发一矢，该督抚安民绥外，处处皆抉根源。……令该夷驯服，无丝毫勉强，可以历久相安……初不料卿等有此妙用！……皆卿胸中之锦绣，干国之良谋，喜悦之怀，笔难尽述也！②

随后亟传圣谕对徐广缙和叶名琛进行嘉奖：

我粤东百姓，素称骁勇，乃近年深明大义，有勇知方，固由化导之神，亦系天性之厚！朕念其翊戴之功，能无恻然有动于中乎？着徐广缙宣布朕言，俾家喻户晓，益励急公向上之心，共享乐业安

① 《清史·列传》卷四十、卷四十八。转引自萧一山《清代通史》 1963年台北版。
② 《清史·列传》卷四十、卷四十八。转引自萧一山《清代通史》 1963年台北版。

居之福！其应如何奖励，锡以光荣，毋稍屯膏，以慰朕意。……叶名琛着加恩赏给男爵，徐广缙则赏给子爵。[1]

至此，叶名琛与徐广缙虽然取得了一场胜利，但其实只是一阶段性的，甚至根本就算不上实质的胜利。不过重要的是效果很不错，有了这一点也就够了：一是皇帝高兴了，即所谓维护了"国体"；二是百姓也没有得罪，甚至还让他们多少出了口恶气；三是洋人也给挟制住了，哪怕只是暂时的；另外还有一点，这一点对于叶名琛倒是最重要的，那就是自己还加官晋爵了。

徐广缙与叶名琛的这一次加官晋爵，可是自鸦片战争以来，第一次因为与洋人打交道而加官晋爵的。要知道此前多的是因此而丢官削爵。这不能不让叶名琛既想到林则徐，又想到耆英。林则徐的方针无疑是主战，但结果是罢官充军；而耆英是一味妥协，其结果是失宠、罢官（赐死还是后话）。事实证明，欲办好这"夷务"，那是硬也硬不得，软也软不得，看来现在的顶头上司徐广缙的这一套不错，那就是软硬兼施，尤其要让民众与洋人相互制衡。至此，叶名琛一点也不再有初来广州时的茫然了，他的斗争方针已非常的清晰，且他坚信，他的这一方针已经经过实践的检验了，或许是唯一可行的正确方针。

就这样，叶名琛的外交思想和方针基本形成了。今天，我们对其产生和形成的这一过程加以考察不难发现两点：一是他这一外交思想的全部意图就是要在林则徐们与耆英们之间寻得一条"第三条道路"，其实质便是一种折中；二是就其形成的过程来看，则充满了被动和无奈，至少并非是一种主动的选择。这与后世许多历史学家笔下的叶名琛并不完全相合——叶名琛后来在处理外交事务中似乎一贯强硬，且有时强硬得莫名其妙，尤其是他后来在第二次鸦片中的种种表现，被人们

① 《清史·列传》卷四十、卷四十八。转引自萧一山《清代通史》 1963年台北版。

说成是“惹火烧国”——真实的叶名琛未必是这样！

到广州仅仅一年多一点的时间，叶名琛就加官晋爵了两次，从一个一般封建官僚变成了一个真正的封疆大吏，此时的叶名琛除了春风得意，或许还会想，自己是怀着一颗感恩的心来广州的，短短的这段时间里，也正是由于自己多怀感恩之心，同时又情系广州民众，这才有了如此好运。看来这羊城广州真是自己的福地呵！

然而广州真是叶名琛的福地吗？

第四章
大开杀戒 血染顶戴

如果将英国人制造的那起广州"入城危机"比作是叶名琛前门遭淹,那么正当叶名琛自以为解除了危机并制服了洋人,大体可以清静和放松一阵时,他的后院又起火了。

前面一章里就已提到,鸦片战争后,由于五口通商,广州的外贸地位下降,洋行、货栈、码头等曾纷纷裁减员工、关门歇业,这便造成了广州失业人员大增,这些无业游民自然生活都陷入了困难。而当时广东南部尤其是珠江三角洲一带,由于地少人多,再加靠近广州,外贸方便而发达,这一区域内的土地多种了经济作物,所以粮价较高,人们在此生存不易;相比之下,广东北部和西部的北江、西江流域,甚至广西境内,倒显得人少、地多、粮贱,自然也稍易于人的生存,于是失业游民纷纷拥向那些地区。另外,广东官方与英人曾为了整顿广州周边和珠江上的贸易环境,曾于1847年进行了多次打击所谓"水寇"活动,一些此前在这一带游手好闲的江匪海盗，为了逃避打击也溯江逃到了广东北部和西部的山区。但是那些地区突然间增加如此多的流民，给当地社会秩序一下造成了很大的麻烦。于是各式各样的冲突不断，械斗不断，这些冲突与械斗较多的当然是在流民与本地人之间展开。每有冲突，官府的处理也自然有所介入；各种势力因此而纠结，如此纠结之中，一不小心暴动和起义就爆发了。

今日高州街头的凌十八塑像

1849 年稍晚些时候，广东北部的英德、清远一带爆发了农民起义；

1850 年初，大量广西境内的流民，纷纷越过桂粤边境加入起义队伍，局势一时十分危急；

1850 年 6 月，广东西部的廉州又爆发了农民起义；年底太平天国在广西金田村一带开始集结，到 1851 年初正式起义……短短一段时间内，两广大地，烽烟四起。

此时，两广总督还是徐广缙，叶名琛是广东巡抚，而广东境内的农民起义大有声势越来越大的趋势：除了清远、英德和廉州外，又增加了高州和海南两处。所有起义军中，以凌十八为首的一支力量为最大。凌十八与太平军遥相呼应，大有欲纵横两广之势。

对于农民起义，历代朝廷都是十分敏感而重视的，因为它直接威胁到自己的统治，对于两广农民起义，清廷自然也不敢稍有怠慢，立即将广西提督闵正凤革职，任命向荣为广西提督；又重新起用林则徐为钦差大臣，火速赶往广西镇压。谁知向荣一战即败，林则徐在赶往广西的中途病死于潮州。道光皇帝只好又急命两江总督李星沅为钦差大臣，周天爵为广西巡抚，再次率领大军前去镇压。哪知道这俩人又是与义军一战即败，再战大溃。道光皇帝为此又下旨将此二人革职，命赛尚

道光皇帝

阿为钦差大臣，又率大军前去征讨。哪知道这赛尚阿一点也不比周天爵们高明，很快也败下阵来。道光皇帝为此而又气又恼，最终竟一病不起而驾崩了。

而在这种情况下，叶名琛与徐广缙等作为守土大臣，可想而知更是如坐火山口，一不小心就会粉身碎骨——不是死在义军之手，就是死在朝廷之手。可谓是拴在了一根绳上的蚂蚱的徐广缙与叶名琛，唯有同舟共济，才能渡过难关。于是，叶名琛再次与徐广缙紧密合作，将所有精力和才智都用到了对付义军上。

清代实行的是地方军政首脑制，即地方最高行政长官也是军事长官（不一定是最高军事长官），总督和巡抚手上是握有一定的兵权的，但大体上只能掌握和调遣一些如同我们今天的所谓"地方部队"，清朝名之曰"绿营"，另外还有一些乡勇（有时俗世也合称"团练"）之类。"绿营"一般由汉人组成，也算是正规军，而后者只是一些非正规军，其又分两类，即"募勇"和"练勇"。所谓"募勇"，实际上就是雇佣军，官府需要时花钱招之即来，不需要时可解散；而"练勇"实际上就是相当于我们今天的民兵。而清朝的"旗营"一般由旗人组成，相当于我们今天的所谓"野战军"，指挥权在朝廷手上，地方官吏一般是不能调遣的。叶名琛算起来从 1825 年入仕以来，至今已二十多年，从早年一个"以诗文鸣一时"的书生，到被点翰林后成了一名朝中清流，再到后来俨然一名地方"能吏"，还不曾真正地带过兵打过仗，就是在刚过去的那场由英国人制造的广州"入城危机"中，实际上仗也没真正打起来，而现在面临后院起火，叶名琛不得不走向战场，并从此以后直到他去世，他这人生最后的十年里，竟然大半时间要在炮火连天的战场上度过了。这恐怕是叶名琛自己也不曾想到的吧？

照理说，像叶名琛这样一个出生于医宦世家兼书香门第，且又是从科举考场里走出来的官僚，本质上只是个书生，带兵打仗并不是他所长。打仗讲究兵不厌诈、出其不意，讲究诡计多端、神出鬼没，而书生常常多会认死理、一根筋；打仗需要冷面铁血、手起刀落，甚至杀人不眨眼，而书生往往多薄面柔肠、儿女情长，甚至婆婆妈妈。

起初，或许是叶名琛自己也觉得自己毕竟是书生，又眼看着朝廷一支又一支"野战军"都败下了阵来，自己所能指挥的军队又只是些"地方部队"，甚至还有一些只能算是"民兵"，他对于自己军事上到底能否有所作为，实在心中无底；对于自己的军事能力，他也没什么信心，因此，当1850年初英德的农民起义爆发并发展迅速时，他此时也并没有自己亲自出马，而是先让负责当地防卫的游击率兵征讨；不久游击因战败自杀，叶名琛又让广州将军率军前去征讨，没想到又败下阵来。这时叶名琛才不得不亲自率军前去镇压。

另外，我们通过史料上记载的一件事，也可见出叶名琛此番出师，自己并没多少信心，此事便是在出师之前，叶名琛曾让自己的父亲叶志诜对于这次出兵扶乩以卜吉凶。

1848年夏，叶名琛擢升为广东巡抚，成了真正的封疆大吏。不久叶名琛就将父亲叶志诜接来广州一起居住。

叶家有孝悌的传统，尤其是从叶名琛的祖父叶继雯"举孝行，旌表乡里"后，这"孝悌"二字更是被叶家所重。几年前叶志诜致仕后，叶名琛当时就曾想接父亲到他的宦地一起居住，但叶志诜都没同意，而这一次叶志诜欣然接受了儿子的安排。

为什么叶志诜这次会接受叶名琛的安排呢？或许有两个方面的原因吧：一是或许他一直记着当年叶名琛命中"不宜西北，宜东南"的谶语，这次来到广州后又真的官运亨通，让他坚信广州这座中国最南方的城市，是他儿子命中的福地，叶志诜要到儿子身边帮助儿子成就其辉煌人生；二是或许叶志诜觉得叶名琛此前还没有“关照”自己的能力；要知道，叶志诜也曾在朝中官至吏部侍郎，叶名琛那时做的官虽也在道台、按察史、布政史一级了，但毕竟在衙门里上面还有管着他的人，叶志诜不想看别人的脸色；而现在叶名琛成了真正一省巡抚，也即成了真正的封疆大吏、一方诸侯了，叶志诜这时在儿子的宦地，也就不必看任何人的脸色了。当然，在同一座城里，还有两广总督，但是身在官场多年，对清朝的官僚体系了如指掌的叶志诜十分明白，巡抚并非总督的属官，总督“掌厘治军民，综制文武，察举官吏，修饬封疆”，巡抚“提督军务，兼理粮饷”，只是分工上有所不同，真要论起来倒是平级，至于老百姓觉得总督大过巡抚，只是他们觉得管两省的似乎总比管一省的官大而已。叶志诜虽然也在朝为官多年，但他似乎一直志趣不在官场而在医道与艺术上，他留下的著作有：《简字齐文集》《神农本草赞》《平安馆诗文集》《金山鼎考》《蕴奇录》《行寿年录》《上第录》《稽古录》《识字录》《咏古录》等，从这些著作之多而杂不难看出，叶志诜的确是一位学有所成的学者，尤其是一位金石书画家。据史籍记载，叶志诜还有一个“业余爱好”，这就是扶乩。或许真是“知父莫若子”，叶名琛做了巡抚后，在广州凤凰岭下择地专门建了一处别墅，名曰“长春仙馆”，让叶志诜到广州后居住其中，专门以读书治学扶乩为乐。有时叶名琛遇有大事决断，叶志诜都会背后扶乩一番以卜吉凶。

叶志诜那次扶乩的结果究竟怎样，史料没有记载，我们不得而知，我们知道的是那一次是叶名琛第一次带兵出战。

洪秀全雕像

战役的过程中，叶名琛曾写信给

徐广缙，说如果这次战争真能够取胜，全歼起义军，那么其最重要的是，可以取得与农民起义军作战的经验，以后再同其他起义军作战就会更有信心。尽管写这封信时，他在清远的战役已大有进展，但他那时似乎仍没有完全的把握与信心，更谈不上有什么军事经验。

然而书生出身的叶名琛似乎很能打仗，这有他从此以后打下的一个又一个得胜的战例为证。

就是那一次，叶名琛究竟是采用了些什么战略战术打下了他真正意义上的人生第一仗，我们暂时不去具体说它，我们只说其结果：仅仅两个月，叶名琛便完全打败了清远、英德起义军，被他歼杀的起义军不下 6000 人，起义首领也都或被杀或被捕。为此咸丰皇帝下旨，“以剿办广东英德等处贼匪，地方肃清，加巡抚叶名琛太子少保”。

可谓是旗开得胜、马到成功，可想而知这给叶名琛无疑增加了许多作战的信心。但是那时毕竟还有徐广缙在他的前面，对于大的军事行动自然还是徐广缙在前面，他多在后方充当负责后勤保障方面的工作。

1851 年 4 月，叶名琛击败了义军，自清远、英德班师回到了广州。没想到几乎与此同时高州又爆发了以凌十八为首的更大规模的起义，并与广西的太平军遥相呼应，形势万分危急。

凌十八是高州人，他曾于 1847 年去广西参加过洪秀全的拜上帝教，于 1849 年回到高州，并组织了一支 3000 多人的起义军，与官府冲突随之不断。1850 年，或许是为了策应太平军的“金田起义”，凌十八曾率领他的义军进入广西，其间许多拜上帝教信徒纷纷来投，这不但使他的队伍迅速壮大到 10000 多人，而且实际上成了太平军的一支。但由于当时朝廷征讨太平军的大军已到广西，凌十八在官军的阻截下没能与广西的太平军会师，最后竟又回师高州，于 1851 年 5 月在罗镜扎下大营，准备建立根据地长期驻守。

凌十八的这支义军与清远、英德的义军大为不同，他们不只是因

人民英雄纪念碑上的"金田起义"浮雕

生活困难而被迫与官府作对，而是有自己明确的政治目的，那就是推翻清王朝；他们还有共同的宗教信仰团结队伍和笼络人心。正因此，凌十八的这支起义军比之清远和英德的义军，不但规模大，而且危害也更大，战斗力也更强。

1851年7月，徐广缙亲率大军前往罗境，镇压凌十八的那一支太平军。

然而徐广缙出师不利。

罗境是山区，起义军利用他们对环境熟悉，以及地形的优势，挖掘坑道、陷阱，修建炮台、碉堡，以逸待劳，与官军实施对峙。徐文缙率军从1851年7月，到1852年6月，经过近一年的围攻，也没能突破凌十八的大营。此时叶名琛在广州城内，日日忙于为徐广缙征集军饷，并向前线运送粮草，可谓与徐广缙并肩作战。在这一过程中，两人的关系也越发密切，叶名琛不但以自己及时而高效的后勤服务赢得了徐广缙对他的信任，以致徐广缙在近一年不在广州的情况下，放心由叶名琛酌处本该由徐广缙行使的总督大权，而且两人私交也渐深。正当徐广缙在前方与凌十八的战斗处于胶着状态中时，身在广州的徐广缙夫人，因对丈夫的牵挂、担忧等原因竟病倒了。那段时间，叶名琛几乎日日前去徐府探问徐夫人病情，并及时函告远在前线的徐广缙，甚至连找了什么医生、用了什么药、药效情况如何等等，叶名琛都曾一一函告。徐广缙当然也回信深表感谢。此种情况几乎成了清代督抚之间的一段佳话。要知道，清代总督与巡抚之间，由于地位与权力的微妙关系，十有八九都矛盾重重，相互间钩心斗角者多，和谐相处者少；互相拆台者多，相互捧场者少；互指死穴者多，互放生路者少。

就在此时，朝廷一纸圣谕下，着徐广缙火速率精锐入广西“会剿”太平军，同时命叶名琛接替徐广缙指挥在高州对凌十八的围攻。

朝廷发出这一任命的面上原因是广西的太平军围攻桂林，情况危急，但实际上多少有对徐广缙久围凌十八而不克的不满，否则完全可以让叶名琛去广西而不必在高州来个阵前换将嘛！后来的事实对此实际上也作了证明——1852年，咸丰皇帝便以徐广缙在战争中“畏葸不前”为由，将徐广缙革职拿问了。当然这是后话。

朝廷这样的任命让徐广缙和叶名琛都十分尴尬——让自己的下属代替自己，徐广缙面子上很挂不住，但是他除了尴尬外也不禁有点儿轻松，因为毕竟可以从凌十八这块硬骨头面前脱身了；让自己取代自己的上司，叶名琛首先想到的是，如果自己很快拿下凌十八，那无异于证明了徐广缙的无能，无疑会让徐广缙更加难堪；但是如果也拿不下，那更是死定了——即使不被义军打死，也会失宠于朝廷而同样性命不保。然而徐广缙既已围攻一年还不能得手，可见这块硬骨头不是一般的硬呵！叶名琛真陷入了两难。但是君命在身，由不得他多想。1852年7月，叶名琛来到了高州，正式接替徐广缙，指挥官军继续围攻凌十八的起

清代旗营士兵

义军。

在过去的近一年里，官军一直是采取主动进攻的战术，其间虽也曾想诱敌出战，但皆不成功。这一过程中，官军看起来主动，实际上被动；而义军看起来处于被围攻的被动地位，实际上处于主动。此时摆在叶名琛面前的情况是，官军经过近一年的战斗，减员严重，据统计，本来也就万余人的部队，竟已伤亡近 3500 人，剩下的也已精疲力竭，士气低落，战斗力大减。相比之下，对手由于总以逸待劳作战，所以伤亡不大，而且在与官兵一年的对峙中似乎总处于上风，所以士气高涨。面对如此情况，叶名琛敏感地感觉到应该改变原来的战术，即一定要变被动为主动。

现在凌十八的营盘就像一个坚固无比的堡垒一样岿然屹立在那儿，叶名琛想到了一句俗话："再坚固的堡垒也容易从内部攻破。"可是其内部的薄弱点又在哪儿呢？

叶名琛通过审问俘虏，了解到对方营盘里现在最薄弱的环节在物资供给上。于是叶名琛命令部队，首先对周边进行了一次坚壁清野，完全切断了外界与起义军的联系路线和运输通道。果然，义军营盘里不久就扛不住了——前沿的士兵报告说，看见义军营盘里有人出营到周围的农田和荒地中偷割稗子（因激战一年，农田都已荒芜，并无庄稼，只长了些稗子）。叶名琛知道义军营内已经断粮，于是立即下令，让士兵将周边所有稗子抢先割掉，甚至连一些荒草也全部铲除。他要将对手活活困死在他们自己的营盘内。

当然，叶名琛也明白困兽犹斗的道理——如果敌人奋力突围，形成的力量也是难以想象的。针对可能发生的这种情况，叶名琛又想出一招：他传令官军，组织日夜不定时的佯攻，其目的一是将对手拖得筋疲力尽，二是让对手摸不清到底哪天官兵真的会发动总攻，三是让自己大多数的士兵轮流得到休整。

俗话说："知彼知己，百战不殆。"在了解了对方的同时，叶名琛也了解到自身也存在一些薄弱环节，比如指挥部与前线过远，——实际战斗中，因军情瞬息万变，因此这对战机多有贻误。叶名琛下令将他的指挥大帐立即移至靠近前线的罗定。尽管有下属建议，如此多有危险，因为起义军装备有火炮，说不定如此就进入了它们的射程之内。但叶名琛坚决不听。

叶名琛组织的佯攻从7月16日开始，起初义军警觉还很高，每次都及时组织迎战，但是几天下来，一是不堪其烦，警惕性不知不觉间放松了；二是总觉得是佯攻，便不再及时组织迎战了。叶名琛吃准了义军这种心理，在佯攻了十多天后，于7月28日突然发起总攻。而义军还以为这次仍只是佯攻，在根本没有作迎战准备的情况下被官军打得大败，被歼杀2000多人，包括凌十八本人最终也在混战中被杀。而此时叶名琛离接替徐广缙指挥才两个多月。

咸丰皇帝得到凌十八起义被镇压下去的奏报，自然又是大喜，叶名琛当然又少不了加官晋爵不在话下。果然，不久叶名琛便被任命为钦差大臣、两广总督。与此同时，伯贵接替了他的广东巡抚一职。

纵观叶名琛的一生，就是从此时起，他的手上开始渐沾镇压农民起义的鲜血，正是从此时起，他终于迎来了他官场的得意和人生的辉煌，而这种辉煌又都是通过镇压农民起义，用那些起义农民的生命换得的，因此正应了一句俗话："用别人鲜血染红了自己的顶戴。"此时的叶名琛正是如此。

后来有人认为，叶名琛之所以遭人们唾弃，遭历史矮化，都是因为他人生中的这一个段落。其实未必。纵观历史，在封建社会中，作为朝廷命官、封疆大吏，面对农民起义，几乎无一例外的总是站在统治者一方，这是再正常不过的了；这是由他们的阶级地位与阶级利益所决定的，无论是历史还是后世的人们，对此并不会过多苛责；因此，历史上那些对农民起义军高举屠刀、大开杀戒者，似乎并不影响人们对他们公正评价，历史也不会因此而掩了他们自有的光耀。说远一点的，如我们一般人都很熟悉的岳飞——钟相、杨幺起义不在他的屠刀下而失败的吗？但一点也不影响他后来成为人们敬仰的民族英雄；说近一点的，人们都知道的清军老将冯子材——在中法战争中血染战袍，人们似乎只记住了他作为民族英雄的形象，然而事实上，他也曾是镇压太平天国的清军的一员猛将，但历史似乎忘了这一点——不，应该是历史早就原谅了他和他们。甚至时至今日，人们似乎对曾国藩和李鸿章等都有所原谅了（市面上满目都是他们的文集、书信和传记等），而叶名琛真的只是因为他人生中的这一个章节而不能获得历史的原谅吗？当然不是。

叶名琛的人生，只能说一切自有劫数。

叶名琛的人生劫数正是从那时候起就开始为自己铸下了，甚至就是从那时起，叶名琛开始自掘下了一个埋葬自己的坟墓。

凌十八被叶名琛消灭了，但其部毕竟只是太平军的一支外围而已，此时对两广乃至整个清廷的最大威胁当然还是太平军主力，其1851年在广西桂平县金田村正式起义后，连克州县，几乎纵横广西。当叶名琛在高州正剿杀凌十八时，在广西境内的太平军主力，在洪秀全等率领下从广西进入湖南，一举攻下永州，同时屯兵湘粤边境的郴州，大有麾指广东的态势。据说洪秀全此时都已经有了这样的设想：进入广东，攻下广州，作为"东都"，与在广西的"西都"互为策应。

太平军的这一态势让叶名琛惊出了一身冷汗的同时也有几分安慰。他惊出一身冷汗的是，如果此时地处粤北的清远、英德的起义军没有被消灭，它与太平军来个内外呼应、里应外合，那广东算是彻底完了；他有几分安慰的是，清远、英德的起义军总算在前一年就消灭了，且此后他又在那一带进行了严密的警戒与布防。

尽管如此，叶名琛还是不敢稍有怠慢，他于1852年8月刚刚结束了高州的战事，当年的10月就率军来到了粤北重镇韶关，紧急布防，并同时采取了一系列措施，防止粤北义军死灰复燃，以策应对广东虎视眈眈的太平军主力。甚至在这期间，叶名琛还主动进攻，跨过省界追击太平军。据史料记载，叶名琛曾将一支起义军追击至江西境内而消灭，为此江西巡抚张芾曾写信给叶名琛表示感谢并大加赞扬。

当然，最后的事实是，洪秀全并没有率部进入广东。关于其中的原因，后来的历史学家有两种解释，一是因为太平天国的西王肖朝贵在攻打长沙的战斗中中炮身亡，激起了洪秀全等太平军将士的激愤与义气，于是便放弃了南下，而急着北征报仇去了；二是由于洪秀全等在驻扎郴州的三个多月里，有惧于叶名琛在粤北已有了高度的警觉，并充分做好了应战准备，最终便放弃了原来的计划。

或许这两种原因都有吧，过于强调前者，多少太有点视太平军的战略计划如儿戏之嫌；而过于强调后者，也在太小看了洪秀全胆量的同时太夸大了叶名琛的能耐了。

不过事实证明，叶名琛在军事上似乎还真有两把刷子。

叶名琛虽然本质上是一名书生，一些书生往往所共有的性格特征他都具有，但是他身上却有一些独特的东西，如他的莫名自负和极度固执——这一性格在平时的执政中也许是一种毛病，因为在实践中会产生许多副作用（史料上对此多有记载，说下属同僚，无论是在工作中，还是在生活中，都对他"多有畏色"），可是在战场上，莫名自负常常会生出一种莫名胆量，极度固执常常会导致一种极度绝决，而战场之上，"狭路相逢勇者胜"是一条不变的规律，而有时敌我双方都是精疲力竭之下，谁能最终取胜，就看谁能将咬关绝决地咬到最后。还有叶名琛长期做地区行政长官的经历，也为他获得了许多组织协同作战的能力，并且能在战时灵活运用；再则他每有战功都能得到朝廷的及时提拔，这自然而然间不断强化了他的威信，当然也有利于他指挥的权威，做到有令必行，有禁必止。另外，纵观他的一生，我们不能不承认他十分廉洁，而同时对于下级士兵，他历来都出手大方，他相信"重赏之下必有勇夫"。

清代募勇

本章前半已曾提到，叶名琛所能指挥的部队中，除了“绿营”外还有一些非正规军，主要是“募勇”。叶名琛开给这些“募勇”士兵的军饷，不但比“绿营”士兵的高，而且高出很多，因为叶名琛深知，那些士兵完全是为了钱而卖命的，不给到令他们动心的钱，他们是不会为你卖命的。（在这一点上，曾国藩治理湘军的模式与叶名琛不谋而合）叶名琛面上的出手大方，可谓是“知人善任”的用人原则在面上的一种体现，也正是因为这样，叶名琛手下的那些“募勇”，虽本质上属为钱卖命的乌合之众，但也还有一定的战斗力。当然，在对于个别人身上，叶名琛的“知人善任”出手大方并不是一味靠钱。如他手下有一个总兵叫福兴，叶名琛通过考察，觉得他是一个将才，于是就大胆提拔他。镇压清远、英德义军的那一次战役，是叶名琛打的第一次仗，他在并无一点儿实战经验的情况下，果断任命有着丰富实战经验的福兴为前敌总指挥，让他在前方具体指挥作战。而福兴由于受到叶名琛的重用，满怀着感激之心全身心投入战斗，不但战前积极研究战术，战斗打响后更是身先士卒、一马当先。在冲锋中，由于马受炮惊，福兴不慎坠马，摔断了肋骨，当场口吐鲜血，但竟又跃上战马继续指挥冲锋。那次战斗的胜利，当然首先归功于叶名琛战前得当的战术谋划，但也应一部分归功于福兴在战斗中以自己的行动激励官兵奋勇向前。

正因为叶名琛的自身廉洁，出手大方，这使得他的下级在他面前不但很“怕”他，而且又很“服”他，愿意为他冲锋陷阵，甚至为他卖命。

太平军终于走了。

1852 年 11 月，太平军再次攻击长沙未下，1853 年 1 月攻占武昌，随后顺江东下，1853 年 2 月攻占安庆，1853 年 3 月攻占南京，并改名

"天京",定都建国于此。

清代练勇

此时，总督两广的叶名琛似乎可以轻松一阵了。

然而，太平军从来就没有忘记广东，这不仅因为洪秀全等早期的太平天国领导人多是广东人而有思乡情结，还因为广东对于造反，对于革命，实在是一个战略上的好地方。

广东物产丰富，经济发达，利于筹集经费；广东北部有南岭与北方隔开，那些深谷、高峡，一夫当关万夫莫开，易守难攻，有利于割据建立根据地；广东出海方便，有利于国外的援助，即使失败了也利于逃跑；另外，粤民素来以勇猛剽悍著名，有组织秘密会党的传统，有利于组织革命的武装和扩大革命的队伍。因此，太平天国虽然定都天京了，但它不断地派出细作回广东，进行起义的煽动和策划。

另外，广东境内小股的起义仍时有爆发、层出不穷，还有那些被镇压下去的起义，也有随时死灰复燃的可能，因此，这时的叶名琛仍要不断地出征，所到各处，自然都是杀戒大开。当然，也是在这一阶段，叶名琛又不断地得到朝廷封赏。咸丰二年，即 1853 年，一年之内，先被封兵部尚书的坐衔，后又被任命为朝廷的通商大臣——此职有点相当于今天一些国家内阁中的外相，成了清廷主管外交、外贸等(清朝统称为"夷务")的最高长官。

叶名琛的顶子，被农民起义军的鲜血染得是越来越红了！

第五章
总督两广 后勤清廷

1851年4月，叶名琛春风得意地从清远、英德班师回到广州，不久便收了一封他渴望已久的信。信是他的世伯、朝廷权臣、大学士祁寯藻写来的。每每大事前后，这位世伯都会来信，表面上以示关心，实际上是想了解到事情有关的一些更真实、更具体的情况。此次清远、英德之役，叶名琛又一次及时得到加官晋爵，最主要原因当然是他能取得了是役的大捷，但也不能不说与这位世伯于朝中及时在皇帝面前美言有关，叶名琛对此自然是比谁都心知肚明，他猜想事后祁世伯应该会来信的——他也正等着祁世伯的询问而欲作"汇报"哩！

祁寯藻被后世称为"三代帝师（道光、咸丰、同治）"、"四朝文臣（嘉庆、道光、咸丰、同治）"、"寿阳相国"。俗话说"棒槌挂在衙门里三年也会说话"，更何况祁寯藻一直泡在朝中，所以在他的眼里，朝中和官场的这点点水，多深多浅他一眼就能看到底，如地方官对朝廷报喜不报

祁寯藻画像

忧，与此同时朝官常对地方官睁眼说瞎话，几乎成了一种常态。祁寯藻自出任大学士以来，一直想改变官场这种现象，但似乎一直无能为力，于是他只能在自己的弟子、门生那儿做些力所能及的努力。对于叶名琛这位年侄,祁寯藻一直关心有加,他的这种关心不只表现在叶名琛出了政绩时及时奏明皇上，以期叶名琛及时得到肯定,还表现在事后他总要与叶名琛私人间作些交流与沟通,以期了解到一些在递给皇帝的折子上看不到的事情的实情,当然也包括叶名琛有什么困难和难处,他也希望知道——即使不能尽快解决,但及时有所了解后,也能在思想上有所预期。而对于叶名琛来说,他每给祁寯藻写那种私人性质的信件,自然也不必如写奏折那样小心谨慎、滴水不漏,相反他会尽量说一些祁寯藻希望知道的实情,有时甚至还会叫一叫苦,发一点牢骚。

叶名琛收到祁寯藻的信后,立即回信,除了详细汇报这次清远、英德“戡乱”的有关情况,并对于祁寯藻在朝中为自己美言深表感谢外,他更如实报告了目前自己所面临的危机，这就是经过这一阵战争,广东财政正面临着严重亏空：

广东藩库业已告匮,非独筹之无可筹,垫之无可垫,并挪之无可挪。只因军兴以来,除藩关两库拨解广西不下二百七八十万两,从此存款一空。而广东军务,仅动库用存海关酌留尾数二十余万两，暂拨海关税饷二十万两，又三次指输四千一百余两，其余八十余万两皆由各州县先行垫发，均已筋皮力尽，势难再支[1]。

叶名琛在信中不但向祁寯藻坦言了，“广东藩库业已告匮”的现状，而且还几乎向他报了一份账单——这种窘境出现的原因，便因“军兴以来”——言下之意十分明显，叶名琛十分渴望祁寯藻在朝中能给予他帮助和支持，亦即少拨解广东的银子。

本来，出身于生意大户的叶名琛，又做过多任以征税为主任的布政使，对于搞钱自然是有一套本领的。当初朝廷正是看中了他这一本领，才先将江宁布政使的重任委于他(后由于他原籍溧水属江宁，按例回避而没有上任)，后又任命他为广东布政使——要知道江苏和广东可是清廷最大的两个的税源地，这足可见朝廷对他这方面能力的信任。而叶名琛对于自己的这方面本领也是自信的，这从他执政广东时一系列财税政策发布和实施的有条不紊就可以看出来。

祁寯藻书法

叶名琛实行的是一种务实而速效的财税政策，因为这既是朝廷所逼，也是局势所迫。

中国自宋元后，两广地区与两江地区一直都是历代朝廷的粮仓，亦即是最主要

① 叶名琛致祁寯藻函。转引自黄宇和《两广总督叶名琛》。中华书局 1983 年 7 月版。

的税源地，清廷自然也一样；可是随着太平天国定都天京，并且基本控制了两江地区后，两江这个清廷的粮仓实际上已落入了太平天国之手，这样，清廷的两个粮仓就少了一个，即只剩下两广一个了，而两广又是以广东为主，虽然广东也不断有农民起义爆发，但叶名琛都及时地将他们镇压了下去，那儿好歹还算掌握在大清的手上，不像两江已完全被太平天国割据了。为了镇压太平天国，清廷需不断地组织大规模的军事行动，这自然又需要比常年更大量的银饷，两广更是事实上成了清廷最主要的饷银来源地。

然而，两广的财政状况并没有朝廷想象的那么好，太平天国原本就在广西爆发的，就是广东，前后也曾爆发了一系列的农民起义，如清远、英德的起义、高州的起义和凌十八的太平军起义等，虽然这些起义都被叶名琛镇压了下去，但付出的代价当然也是巨大的，至少是银子不会少花。由于亲身经过一系列镇压农民起义的战争，叶名琛似乎对于战争有了新的认识，他发现战争不只是一台巨大的“绞肉机”，也是一台巨大的烧钱的机器，而广东正危机四伏，因此，这不能不让叶名琛心生忧虑。然而，尽管如此，一路平步青云走过来的叶名琛，对清廷自然是一贯满怀感恩，也满怀忠诚，这是毫无怀疑的，至少是主观上他绝不想做出危害这个王朝的任何事情；那么现在朝廷需要大量军饷，需要叶名琛能从两广多弄银子（他到广东的第一个官就是布政使，也即税官），叶名琛自然得多多收、快快收，并且还得多多交、快快交。

然而，银子从哪儿来呢？用叶名琛自己的话来说，“粮从地出，土赖民耕”[①]，即农民从地里生产出来。

但农民逼急了要造反，且已经在造反了；再说，这眼下就急着要钱，哪儿等得及农民从地里慢慢种出来呵！那么眼下钱在哪儿呢？换句话说，眼下什么人最有钱呢？

---

① 叶名琛复惠庆函。转引自黄宇和《两广总督叶名琛》。中华书局 1983 年 7 月版。

第一当然是商人！

但是商人本都是唯利是图者，他们并不好惹，特别是那些红发蓝眼的外国商人，他们千里迢迢来到广州本身就是谋利而来的，现在反要从他们那里多谋得银子，无异于与虎谋皮，一不小心反会被虎所谋，甚至所伤，因为他们身后有坚船利炮做着后盾哩。再说，商人只要做生意照章纳税，便意味着他们已完成了对于官府和朝廷的义务了。叶名琛对这些道理当然十分明白，因此，他从上任的第一天起，就一面采取种种措施征收各种商业税银，一面狠狠打击奸商的各种偷漏税行为。

但眼下非常时期，这在叶名琛眼里正常的税收收入是远远不够的，而事实也的确如此。如何让商人多出血？最好的办法当然是让他们“捐纳”，但商人多是一些视钱如命之徒，让他们白出钱，怎么可能？叶名琛不得不将生意场上的规则在这里一用，他要与商人们来一场交易。“投其所好”、“将欲取之，必先予之”的道理叶名琛更是十分懂得。那么商人最喜欢什么呢？当然是乌纱帽，有了它就有可能为将来的生意带来更大的利益。于是叶名琛就拟出明文，只要“捐纳”，就可获得一顶大红顶子，当然出得钱越多者，顶子越红。

对于外商，叶名琛当然没办法让他们也参加“捐纳”，增加关税只能通过采取严格打击走私活动等措施来实现了。

除了商人，还有什么人有钱呢？

自然是乡绅与地主。

但乡绅与地主依法交了“地丁”，也便意味着他们对官府的义务已经完成。对于这一块常规的财政收入，叶名琛当然十分重视，以保证尽量足额征收。只是这仍然不够。可是让那些如守财奴式的乡绅与地主再多出血，也不是件容易的事情，他们甚至是比商人还要守财的守财奴，且他们对于顶戴花翎也没有商人那么热衷。那怎么办呢？叶名琛也摸准了他们的心理——他们不是怕自己的庄园被劫、金钱被抢、土地被占么？那好，就让他们自己出钱招募兵勇，自己保护自己，这样他们就放心了吧？这自然很中乡绅和地主的下怀，然而殊不知，叶名琛正可以此紧缩官府的常备军的规模，省下许多军费；换个角度说，叶名琛实际上也就成功地将一部分军费在一种不知不觉中转嫁到了乡绅与地主头上。更重要的是，这样并没有削弱自己手上的武装力量——一旦农民造反或洋人入侵，需要这些乡勇和团练，叶名琛自可调遣，因为农民造反和洋人入侵也是乡绅和地主所不愿意的，可以说他们既是官府的敌人，也是乡绅和地主的敌人，所以调遣乡绅和地主手上的乡勇团练来对付共同的敌人，乡绅与地主自然是不会反对的。

除了商人与地主外，叶名琛当然知道，数下来有钱的恐怕就是各级官员了。

然而俗话说"千里做官，不为名就为利"，要让当官的出血，也不是件容易事。好在叶名琛身后有"叶开泰"，他和他家族本质上并不缺钱，自己做官应该更多的是"为名"，因此，叶名琛毫不犹豫地从自己开刀了。叶名琛带头捐出自己的俸禄，而且出手大方。这样以后，再让全省官员从上到下"自动捐纳"。由于叶名琛带头在先，所以属下官员，即使心有不满，但行动上也只好跟进，全省官吏一下子就捐出了数量可观的一笔钱。当然，叶名琛也不是说让下面人都真的白捐。而是对各级官员的捐纳都造出明细，对于捐纳积极，数额较大的，除及时给予表彰外，还奏请朝廷给予晋升。随着财政支出的越来越大，叶名琛希望官员的这笔捐纳能成为一项固定的财政收入，于是叶名琛后来干脆在全省官员中放弃了"自动捐纳"，取而代之的是"固定捐纳"，就是干脆规定，全省从七品县令到巡抚总督，所有官吏，一律将"养廉"中的40%扣除充作军费，待财政好转后再行补发。

"捐纳"的三项措施，明眼人一看就不难明白，其对官员的利益损害无疑是最大的，但是叶名琛量各级官员都捧着朝廷的饭碗，又惧于自己的铁腕，再加上自己始终以身作则，所以短时间内还是会给予理解和支持的。

哪知道事情并不如叶名琛想象的那样简单。有官员公开站出来表示反对了。有一名官员竟然藐视叶名琛的铁腕，公开在递上来的公文中与叶名琛大谈起理财的道理，字里行间对他的财税政策，特别是对暂扣官员薪俸的规定表示出强烈的不满：

> 古代所谓善于理财的人，他们首先考虑的是如何财为人用，并不是将注意力老盯在算小账上。如果只是眼看着眼面前的费用有点紧张了就动不动说要节简，这是一种目光短见识浅的表现；尤其是小账算得过精，而大处倒不会算账，那就是天下雨能下粟子、下金子也不够挥霍呵！不懂得这个道理，今天就是将官员的薪水削得只剩下十分之一，或许还会觉得花费太多；相反，胡乱挥霍得数字比官员薪水多千倍万倍，钱出手如同泥沙一般，也不会觉得有什么可惜。

这话让叶名琛哭笑不得，同时也让他感觉到了官员对于自己财税政策的强烈不满。然而叶名琛有什么办法呢？他也充满了无奈，他此时真有一种“老鼠钻进风箱中——两头受气”的感觉，于是他在给祁寯藻的信中大倒苦水。当然其背后的目的还有，如果有官员参他，到皇帝那儿告他的状，那么让祁寯藻早知道事情的来龙去脉，也好在朝中到时为自己说一说开脱的话，至少是让皇帝了解，他这样做都是为了朝廷的最根本利益。

叶名琛所担心的事情真的还是发生了，麻烦说来便真的来了。

1850 年道光皇帝驾崩，咸丰皇帝即位，根据惯例，新皇帝即位，为显示皇恩浩荡，皇帝都会颁旨免除下一年度的地丁税，这就意味着 1851 年的地丁税将全部免除。这无疑在下一年度将少了一笔巨大的财政收入，为此 1850 年地丁税的足额征收更显得特别重要。为了及时足额地将 1850 年剩下的地丁税征收上来，是时为广东巡抚的叶名琛下令有关部门，将皇帝免征下一年度地丁的圣谕与户部要求及时足额征收本年度地丁税的命令印成文告四处张贴，昭告天下。可没想到这却事实上起了反作用：一些不法乡绅，借之故意散布谣言、制造混乱，硬说皇上免交的是从1850年欠交的和1851年全年的，其目的就是想浑水摸鱼，少交地丁税。

咸丰皇帝

对此叶名琛自然是寸步不让。他采取杀一儆百的办法，首先派人摸准了一份起哄抗税乡绅的名单，然后下令依照名单将他们收捕归案，不但逼其带头一个个全额完了税，而且还进行了处罚。此时一些乡绅又鼓动生童，以拒绝当年科举考试为砝码，要挟叶名琛，但叶名琛不但毫不退让，反而干脆奏准朝廷，在闹事地方暂停生童当年的科举考试，使其抗税的"统一战线"发生内讧，最后一举突破。据史载，尽管1850年由于这场由新皇帝即位免税而引起的抗税风潮确实闹得不小，但广东当年的地丁税还是基本足额地征收上来了。当然，究竟有多少贫困的农民因此而生活陷入困难，叶名琛当时是顾不了的，他当时作为一省巡抚，其职责为"提督军务兼理粮饷"，自然第一要务是为朝廷将皇粮国税征集上来，哪怕不择手段。

叶名琛在征收常规地丁税遇到麻烦的同时，在"捐纳"上也遇到了麻烦，且这麻烦并不是来自于下面，而竟然是来自于朝廷自身，甚至就是皇帝本人。1851年广西爆发了太平天国起义，为了筹措镇压起义的军饷，清廷急着弄到钱，广东是广西的邻省，又属同一总督管辖，这弄钱的任务自然首当其冲地落在了叶名琛的身上。于是叶名琛想到了发动"捐纳"。所谓"捐纳"，实际上就是一种变相的卖官鬻爵。这在清朝也并不是什么稀罕事,此前就有。只是皇帝总觉得这事有失体面,所以总显得十分谨慎、羞羞答答。咸丰皇帝这次同意叶名琛等的“捐纳”奏请,实在是事出无奈——因为广西爆发农民起义,而朝廷又一时实在拿不出钱来兴兵镇压,如果听之任之,就会立即威胁到自己的政权,于是才“两害相较取其轻”,勉强同意了。

既有朝廷的同意,出一笔钱就可以得到一副顶戴花翎;且所出的这钱又是为了广西“戡乱”——如果广西真的乱了,必然会影响广东,所以广东的商人、乡绅甚至官员们的“捐纳”,看起来是为广西,实际上也是为广东,为自己——叶名琛如此的宣传“捐纳”的意义,自然一经开展,所取得的效果还是很不错的,一时间广东“捐纳”踊跃。可是没想到,不久户部发出了一道命令,意思是说“捐纳”既属于广西“戡乱”之专用的专款,便要对这笔钱严格管理,所以在广东“捐纳”所得的钱,必须在用到广西“戡乱”、并得到户部核实确认后,吏部才能授予各“捐纳”人相应的官爵。这一命令,不但让准备“捐纳”的人的热情一落千丈,而且前面“捐”过的人也大呼上当。为什么呢?因为依这政策,等于广东商人捐出一笔钱后并不能马上得到顶戴,将钱用到广西,再报户部核准确认,再报吏部,这一定有一个过程,且这过程短则月余,长则数月,甚至数年也是有可能的,而商人做交易讲究的就是个“一手交钱,一手交货”,这么漫长的过程,谁还等得及!更何况谁能保证这么长时间内没个变化,没个让他们钱打了水漂的可能!

叶名琛当然知道,这命令虽然是户部发出的,但是背后一定有咸丰皇帝的旨意。面临这样的大麻烦,要解决那一定得让皇帝收回成命。那么有可能让皇帝收回成命且自己又能够得着的人,叶名琛想来想去除了祁寯藻没有第二个人了。但轻易开口请祁寯藻为自己办事,且是这么难办的事,叶名琛也要掂量了又掂量,因为他此时已不是毛头小伙子了。

此时的叶名琛,办事已十分老到而圆滑,他首先想到了正在自己属下的王汉桥,让他先去解决有关“捐纳”的这件事情,因为他此时正是“捐输局”的负责人，而“捐输局”正是主管有关“捐纳”的一个特设部门，此事交给他办也算是“业务对口”；更重要的是王汉桥正是祁寯藻的嫡系门生，让他先去把事情的来龙去脉向祁寯藻解释清楚，这比自己一下子向皇帝写奏折要更加合适——如果王汉桥能通过祁寯藻将这事一下搞定，那最好；即使不能一下搞定，至少可以探得水深水浅，就此再想下一步办法；如果自己一下子将折子递给皇帝，事情搞定当然好，但如果搞不定，那就一点儿回旋余地也没有了。

王汉桥遵照叶名琛的指示给祁寯藻写信，如实而详细地述说了下面具体办事时因户部这道命令而出现的情况——如果不立即进行调整，那么后果就有可能捐不到钱，而没有这笔钱，就无法兴兵“戡乱”，就会威胁到大清的江山。这无论如何也不是闹着玩的！没想到，户部那道命令的内容，当初的主意恰恰是祁寯藻给皇帝出的，此时由于是自己的嫡系门生反映的情况，所以他才不能不重视。于是他赶紧向咸丰帝奏报，希望中止户部的这道命令，当然祁寯藻一定少不了同时向皇帝请罪，是自己当初出了个馊主意。而皇帝一听事情竟然会有如此的后果，他自然不愿意看到这一后果真的出现，但要收回成命，这里当然有个面子的问题，自己颁出的旨意哪有收回的呵？但是当初出主意的人都主动将责任拦下了，所以也有台阶好下了，这样咸丰正好顺着台阶而下，立即中止户部的那道命令，即，尽量与广东商人“一手交钱，一手交货（顶戴花翎）”。于是叶名琛为朝廷收得了大把银子，据《两广总督叶名琛》的作者黄宇和先生据有关史料初步统计，叶名琛在广东，仅售衔一项，就征得白银243万多两；当然广东商人也到手了一顶又一顶顶戴，真是各得所需，实现了“双赢”。

如果说征税和“捐纳”属于“开源”，而理财之道，讲究的是“开源节流”，所以在“开源”的同时，叶名琛也采取了一系列“节流”的措施。

当然，让官员“捐纳”实在是一项“开源”与“节流”并举的措施，可谓是一箭双雕的事情。除此之外，叶名琛还大力压缩行政和军费开支，前面所举那位在公文里攻击叶名琛“胡乱挥霍得数字比官员薪水多千倍万倍，钱出手如同泥沙一般”，自然是指叶名琛在镇压农民起义的战争中花钱大手大脚，其实并非实情，此话最多只说对了一半：在这些战争中，叶名琛的确是花掉了许多银子，总数真有可能比官吏俸禄要多得多，是个不小的数字；但是具体花费上，叶名琛从来都不曾大手大脚，相反是精打细算的。他甚至在“剿捕章程”中明确规定了各级军官在战争中每日的开支数，且数字精确到了小数点后两位。

这是《两广总督叶名琛》的作者黄宇和先生根据有关档案制作的一张表格，由此我们可以看出，叶名琛即使战时的军费支出，也不像那

	官　员	日支银(两)	长夫(每一人每日支银 0.8 两)
武官	副将	0.35	10
	参将	0.35	8
	游击	0.2	6
	都司	0.2	4
	守备	0.15	4
	千总	0.12	2
	把总	0.08	2
	外委千总	0.08	1
	外委把总	0.08	1
	额外外委	0.08	1
	兵丁文书识字	0.07	每 100 人配 30 人
文官	知府	28.00	12
	知州	19.14	12
	知县	19.14	12
	杂职	12.00	6

位官吏攻击他的那样“钱出手如同泥沙一样”——那只是下层官吏反对叶名琛紧缩的财政政策的一种激愤之言。

叶名琛高度紧缩的财政政策和极度强硬的征税措施，很快取得了成效，不但扭转了广东财政入不敷出的局面，而且正如清廷和皇帝所期望的那样，叶名琛还不断拿出真金白银交给朝廷用作镇压太平天国等农民起义的军饷。这些钱究竟有多大一个数字，我们今天实在是难以知晓了，这里还是引用两张黄宇和先生制作的表格，大体上可窥出冰山一角。

自道光三十年—咸丰三年六月
广东上缴司库并被拨解各省饷银数目

数字也许过于抽象了，我们还是举几个别的省份的有关事例与广东稍作对比吧：

去向	日期	来源	银两数(千两)
拨往广西	1850.10.16	秋拨实存地丁	50
	1850.11.17	同上	50
	1851.2.28	春拨实存地丁	75
	1851.3.1	同上	75
	1851.3.14	杂项各款	65
	1851.3.15	同上	65
	1851.4.23	秋拨实存地丁	43
	1851.8.20	辛亥年兵饷	59
	1851.11.8	同上	40
	1851.11.11	杂项各款	70
	1851.11.12	同上	70
	1851.11.13	同上	70
	1851.11.14	同上	70
	1851.12.23	同上	75
	1851.12.30	同上	75
	1852.4.14	壬子年兵饷(广西军需备用粮)	50

拨往广西	1852.5.13	捐输助饷等银	62
	1852.5.14	同上	60
	1852.6.13	同上	20
	1852.8.26	同上	53
	1852.8.27	同上	53
	1852.12.23	同上	15
	1853.7.23	捐输团练银	11
	1853.7.24	秋季亟拨等银	129
	1853.7.28	许辉社缴停办火药支剩及盐课	56
拨往贵州	1850.4.16	庚戌年应征地丁	40
	1851、1852	杂项各款	? 被广西截留
	1853.5.8	司库清查各款	27
拨往湖南	1853.1.27	盐饷	25
拨往湖北	1853.2.20	司库各款	70
	1853.2.22	同上	70
	1853.2.24	同上	66
拨往江西	1853.6.3	捐输	7
	1853.7.7	同上	10
	1853.7.30	杂项各款	16
	1853.7.31	捐输	10
拨往福建	自 1853.8.4 后	杂项各款	43
	1853.9.15	捐输	43
合		计	1863

1854 年,咸丰皇帝曾下旨对向荣大加斥责,原因是当时正钦差江苏的大臣向荣总伸手向朝廷要钱,甚至指名要叶名琛接济他,而江苏历来都是中国最富庶的省份之一,这在咸丰皇帝看来很不应该,纯是向荣的无能。不过咸丰说这话时可能忘了,此时太平天国正占据南京,这样说向荣其实有失公道。那么再来看与江苏相邻的浙江省,也是中

国最富庶的省份之一,所处地位与广东当初差不多(太平天国转移到南京前,长期在广西、湖南与江西一带活动),财政状况又是怎么样呢?别的一切都不用说了,只说当时的浙江布政使椿寿的自缢身亡,就可想而知当时浙江的财政状况糟糕到什么程度了,因为他自杀的原因仅仅就是因为面对浙江的财政困难无能为力、心力交瘁。

相比之下,更可以明显地看出来,叶名琛主政两广(主要是广东),他在理财方面所表现的非凡能力是十分出色的。如此多白花花的银子源源不断地从广东输出,据此我们完全可以说,此时叶名琛主政的广东完全成了清廷的一个钱袋子了,而叶名琛本人则成了清廷的一位非常得力的"后勤部长",甚至主动做了曾国藩湘军的"后勤部长"。1852年驻扎安庆的镇压太平天国的曾国藩,奏请朝廷准许,从那年开始先后直接派李瀚章、郭嵩焘和丁日昌等湘军将领,赴广东抽厘助饷,以专供在江、浙、皖各省的湘军做军饷。

然而这么多的钱,看起来直接由农民缴纳的只有地丁税等,其他似乎更多的都只是从商人、官吏、乡绅和地主那儿来的,但是实际上,商人和地主总会想方设法地将负担转嫁到手工业者和农民头上,官吏则更加的贪污腐败,归根到底,这么多的钱还是都出自于百姓的头上,所以那些年,广东百姓生活的困苦由此也可见一斑,据此也就不难理解,为什么那些年两广会不断爆发农民起义了。而每次起义爆发,叶名琛又只好像救火队长一样,率领大军前去镇压,所以,作为清廷"后勤部长"的叶名琛,也随之成了"消防队长",亦即沦为了镇压农民起义的一名十足的刽子手。

刽子手的手上当然要有刀,而叶名琛手上的刀便是一支听命于他的随时可以出征的军队——主要是"绿营"。叶名琛当然明白,如果不将绿营牢牢掌握在自己手上,那么不但是钱粮征不上来的问题,而是自己连同身后的政府都会湮没在农民起义的大潮中。那么如何掌握呢?好在清朝规定,各地绿营的军饷都有所在地方政府负责,这样一来，叶名琛只要捏住了绿营的军饷，就等于拿住了它的命根子，也就不怕它不听自己的指挥。不过这又需要钱。清朝官府的财政来源，除了地丁和商业税（包括关税）外，还有相对稳定的一块——盐税。盐是人类生活的必需品，而清政府是实行食盐专卖的，而广东海岸线漫长，海盐产量历来很大，因此广东的盐税不但总量可观，而且相对稳定。正是因此，叶名琛便长期用盐税作了这支军队的军饷保证。就这样，叶名琛坐镇两广，为清廷做稳了这个“后勤部长”兼“消防队长”。

叶名琛为了搂钱，如此大肆的卖官鬻爵，横征暴敛，这在得到白花花银子的同时，最容易造成的直接社会恶果便是斯文扫地。对此，叶名琛自然是十分清楚的。

一般人都知道，在后来第二次鸦片战争中，当英法联军已进攻广州城时，叶名琛还在科举的乡试考场主持武举考试，“看乡试马箭”；第二天敌人已开始攻城了，但叶名琛不但没有直向城头指挥守城，而是一如既往地仍走向乡试考场；当下属赶到考场向他报告英法联军已开始进攻河南的凤凰山炮台时，叶名琛“仍下校场看箭”。对一场科举考试“重视”到如此程度，不能不说几近病态了。为此叶名琛常受人们指责其迂腐。然而只要我们对其看似迂腐表现的深层心理作些分析，就会发现许多很有意味的东西。

清代科举殿试图

在这种非常的时刻，叶名琛为什么选择在科举考场坚守，而不是别处？或许在叶名琛感觉中，他只有在这儿才能获得内心的安静和灵魂的皈依吧？

对于科举，叶名琛自从当上了巡抚后一直都是十分重视的（做布政使时科举不属他管），这从他在广东的十年间的表现可以看出。自从他当了巡抚后，每届乡试他都考前亲自过问，考时亲自主持，当了总督后也是如此；而照理说，科举是巡抚管的事，总督可以不必躬亲了，但叶名琛仍一如既往。

那么叶名琛为什么会如此重视科举呢？

或许人们很容易地想到，他在来广东前"旋命署顺天府尹，充武乡试校射大臣"时，曾栽过一个小小的跟头，于是推断他这种表现是"一朝被蛇咬，十年怕井绳"，以至于在这方面变得过于神经质了；或许人们还会想到，叶名琛自己毕竟是科举出身，因而对此有一种天生的亲近感。然而这两种仅仅停留在表面和个人品质上的推断，也太小看了叶名琛了。

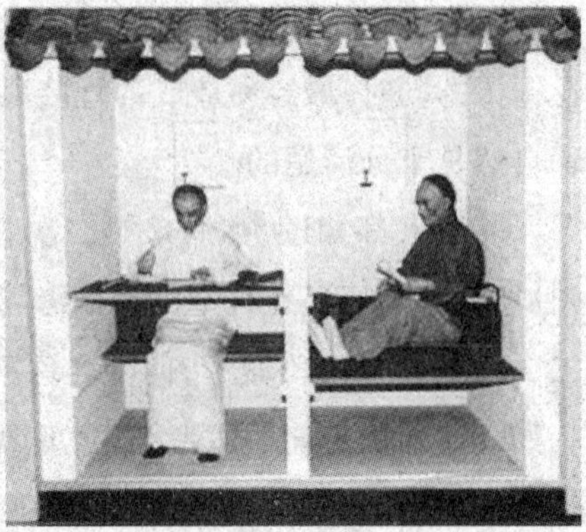

科举考试考生在"号舍"考试的情景

其实，叶名琛对科举的重视，首先是表明一种姿态，即主动亲近乡绅的姿态。我们知道，地方乡绅要想进入统治者的权力场，最正当的途径便是科举，而叶名琛在一面大肆卖官鬻爵的同时，对办学与科举表现出十分的重视，无非借此向乡绅们表明，科举的大门更规范更敞开。那么叶名琛为什么要摆出主动与乡绅亲近的姿态呢？说到底的目的还是两个：一是搂钱，二是防民，而归根结底还是为了搂钱。

上文已经提到，叶名琛为了开源节流，鼓励乡绅招募兵勇举办团练，这一是可以在保证官府有足够的武装力量的前提下节省很大的一笔军饷，二是在于百姓的管理及地丁和各种杂项税的征收。官府有时对乡绅有着很大的依赖性，或者说，在许多方面，官府与乡绅在利益上存在许多共同点，所以不得不结成一种"统一战线"。当然，如果在一些利益上发生了矛盾和冲突，那么叶名琛是绝不会站在乡绅这一边的。

如上文提到的,1850年底和1851年初发生的乡绅领头以拒绝科举为砝码抗交地丁,叶名琛则果断取消了当年的科举。

我们再看叶名琛所重视的办学情况,当时的“学校”,实际上就有点像我们今天的“教育局”或“考试院”之类,也只是组织考试的一个机构,真正的学校是“书院”,而书院又分为两种,一种是组织教学的,另一种只是“乡约”。而叶名琛更重视的似乎只是后者。所谓“乡约”实际上是一种松散性的民间联防组织。叶名琛外放第一任兴安知府时,正是依靠“乡约”稳定了兴安的社会治安,这给了他经验,所以他执政两广时,对于“乡约”一直十分重视。

因此,叶名琛对于办学与科举的重视,只是他一系列“宣德布威”大政方针中的一个组成部分。更何况任何时代,任何时候,官员能注重兴教办学,任凭支节上发生什么,都是不会招至人们非议的。而这或许就是叶名琛,既是一个对农民起义大开杀戒的刽子手,而同时为什么又对兴教办学十分重视、甚至对科举考场十分依恋的深层原因吧!

叶名琛主政两广(主要是广东)期间,头上的顶子的确是越来越红了,而且这的确与他用农民起义军的鲜血染了一遍又一遍有直接关

科举考试“放榜”的情景

系;然而,如果我们稍以客观公正的目光来看待他执政期间的所作所为就会发现,他的顶戴之所以不但越来越红,还越加越多,越加越高,他本人俨然也成了清廷上下举足轻重的人物,其中还因为清廷对他主政的两广有越来越依赖的趋势,并且他在那儿的所作所为,也让清廷越来越满意了。或许只有叶名琛自己知道,他实际上已陷入了一个巨大的人生悖论中了,即,要升官,至少是保住头上顶戴和脑袋,那么就得不停地为清廷搂钱;而钱搂得越厉害越多,就越激起不断的农民起义;而为了镇压这些农民起义,就越需要花钱,甚至花大钱——这就是叶名琛的人生劫数。

第六章

广州屠夫 六不总督

1853年,广东发生了历史上罕见的洪水,百姓生活随即陷入困难,饥荒四起。而与此同时,太平天国运动正如火如荼,这本身对于许多饱受饥饿和压迫而欲反抗的人是一个很大的鼓舞,更何况太平军虽然离开了广东,但从来就不曾放弃过对广东特别是广州的宣传和策反。前章就已提到,清廷为了镇压太平天国,不断地组织大规模的军事行动,这自然又需要大量的银饷,而随着太平天国定都天京,基本控制了两江后,清廷原有的两个粮仓——两江和两广,实际上只剩下两广一个了。这样,两广在清廷税收方面自然处于了举足轻重的地位,也因此,官府在那里的横征暴敛便成了一种自然而然。"官逼"自然造成"民反"。

1854年夏,广东终于再次爆发了大规模农民起义,由于起初是三合会组织发动的,所以史称"三合会起义",他们这一次打出的旗号是

“反清复明”——或许是当年建立明朝的朱元璋原本是靠红巾军起家的，所以这次起义的会众，也在自己头上扎上了红巾，起义军便被称为“红兵”。

起义爆发后发展十分迅速，各路“红兵”很快就攻占了珠江三角洲上的大部分州县，使广州成了一座孤城。8月，各地“红兵”如潮涌一般从四面八方聚集到了广州城下，继1849年英国人制造的那次“广州之围”后，又一次包围了广州，并试图攻占广州。历史真是发生了惊人相似的一幕！

此时作为两广最高统帅的叶名琛，不得不又一次披挂上阵，拿起屠刀……

然而，此时广州城内能供叶名琛调遣的官军实在有限，因为他们都为了镇压各地的太平军而分散在广东境内各地，广州城内能供叶名琛调遣作战的部队总共只有15000人，这里面正规军只有旗营5000人和绿营4000人，其余2000潮勇和4000募勇，都属非正规军。本来按惯例，平时地方官员对旗营并无指挥权，现在特殊情况虽可以调遣作战，但对于他们的作战能力，以及在战斗中能不能听从统一指挥和命令等，叶名琛也心中无底。尽管起义爆发后，叶名琛立即派人报告了朝廷，朝廷也紧急从周边省份力所能及地调动了一些部队驰援广州，但由于广州周边乃至整个珠江三角洲基本都被“红兵”控制了，驰援部队都被阻击在半路上，不要说进入广州增援守城了，就是接近广州也不可能。

这就是叶名琛一方的总体情况。

而相比较之下，起义“红兵”却是人多势众，各路人马加起来，总兵力在20万人以上。

二十万比一万五，如此悬殊的兵力对比，似乎注定了广州又一次在劫难逃了。面对如此严峻的形势，叶名琛自然而然地又想起了1849年那次的解围。

用今天的话来说，叶名琛那次是通过发动群众，打了一场"人民战争"而解了英国人设下的"广州之围"，这一次，叶名琛自然仍如法炮制。

由于包围在城外的"红兵"都是一些起义的农民和手工业者，他们中的许多人本来与城里的许多市民和商人都曾有过各种生意上的联系，有的甚至还相互熟悉，所以发动城内群众，了解一些"红兵"的情报并不是十分为难的事情；当然，城外的"红兵"，也会利用这种关系，设法刺探城内叶名琛守城部队的情况。因此，叶名琛所做的第一件事是发动群众，在清除城内"红兵"奸细的情况下，努力摸清"红兵"内部的一些情况，做到知彼知己。这一项工作很快就取得了效果：他一是了解到，"红兵"人数虽然众多，但各路人马各属各个首领，其中最大的一支人马有近十万人，属一个叫陈开的人，驻扎在离广州西南三十多里外的佛山；而围城部队虽然名义推选了李文茂为"盟主"，但他并不能实际指挥来自各路的"红兵"。二是叶名琛还了解到，三合会的总教主和实际的总领导人叫陈松，此时还住在广州城内。

李文茂

这两方面的情报对于叶名琛来说真是太重要了！

叶名琛立即下令全城搜捕陈松。很快陈松就落网了。

要知道，陈松一旦进入"红兵"队伍，一定会很快取得各路"红兵"的拥戴，从而取得各路"红兵"的统一指挥权；而这又是非常可能的，因为陈松既是三合会总教主，本身就在会众中具有很高的威信；而这次起义，他虽然身在广州，但实际上是总策划者和总领导者。从这一点来说，陈松没有

陈开、李文茂大成国遗址

及时在起义前后逃出广州，也实在是他的失误，而他因为这一失误，现在正落在叶名琛之手了。

在揪出了广州城里的头号大奸细陈松后，叶名琛又在城内进行了大规模的清除奸细活动。他下令各个片区、各个街坊、各条巷弄，一层一层，进行全城人口大登记；然后命令各家各户，将所有居住人口的姓名写在一块牌子上，并悬挂在门口，接受随时检查。同时又发动群众指认陌生人，逐一审查，一旦发现形迹可疑者，立即收捕。当然，这些面广量大，十分烦琐的工作，叶名琛都是发动群众，让士绅领头去完成的。

根据“红兵”兵力虽然庞大但指挥权分散的特点，又结合自身兵力严重不足的情况，叶名琛迅速在政令上和军事上作出了相对应的决策。

在城内，叶名琛采取了三项有力的措施：一是将指挥权高度集中到自己手上，且这里的指挥权，不但指对军队调遣指挥的权力，而且包括对后勤保障，以及所有军需和民用物资的调配权，以绝对保证一切工作服从于战争、服务于战争。为此，叶名琛下令成立战时“军需总局”，将原来省一级政府中分属于布政使、按察使、盐法道和督粮道等各种权力，全部集中于军需总局，让军需总局向下全面负责战时所有事务，而向上他们只对叶名琛一人负责。如此一来，每遇大事，就减少了许多相互协调的环节，更避免了出现工作推诿与拖拉的现象，大大提高了战时的工作效率。二是对于有限的兵力进行统一的守城部署。叶名琛手上总共就 15000 多人的兵力，且他们还属于各种不同的兵种，即使是同一兵种，还属于各个不同的旗头、把总、值事和队长指挥着。叶名琛将这些部队，以原来的建制，分成一个个小的守城单位，仍由原来的指挥员率领着把守城池各处，但一旦守城战打响，则根据战斗动态，接受他这个总指挥的命令，迅速作出协防、集结和应战等。这样，虽然总兵力上处于劣势，但在战斗中，在局部能形成动态的优势兵力。三是成立战时民兵组织。虽然是临时组织的，也只是民兵，但叶名琛也将他们编出了正式的战斗序列，无论是平时守城，还是守战打响，都要接受统一的指挥和调遣。

叶名琛深深地知道，一座孤城是很难坚守的，只有内外策应，坚守才能行之有效。如果说叶名琛在城内所采取的这三项措施是为了立足于固守，那么，在城外他也积极寻求外援。

在城外，叶名琛也派出人员，开展了一系列主动积极的工作：一是仍采取发动群众、依靠群众的方针组织力量。因为此时广州城外叶名琛不可能有一兵一卒了，唯一有可能支援叶名琛对付“红兵”的力量，只有地方乡绅的一些乡勇、团练。叶名琛利用这些乡勇、团练的组建者和指挥者多是一些乡绅地主，而“红兵”起义自然威胁他们的利益的矛

广州街景一

盾，发动他们组织乡勇、团练也参与镇压“红兵”的战争。8月6日，叶名琛亲自召见了广州与佛山之间的大沥、四堡等几个乡镇的乡绅代表刘炳垣、欧阳泉和何应春等，并且让军需处拨给他们大炮、枪支和弹药等一大批物资，要他们时时注意陈开的动向，随时阻击其对广州围城“红兵”的增援。二是，叶名琛根据“红兵”兵力分属不同的起义首领、缺乏统一的指挥的特点，及时指挥城外的乡勇、团练对“红兵”进行了一系列的阻击和打援，不但大大消灭了“红兵”的有生力量，更打破了各路“红兵”集结形成优势兵力的企图。如8月中旬，陈开率10万大军从佛山向广州进发，希望与李文茂的部队会合，然后一起攻击广州。此时得到情报的叶名琛，迅速让大沥和四堡和乡勇、团练组织阻击，由于早有警戒和防备，很快就将陈开率领的10万“红兵”打得大败，陈开转而放弃进军广州的计划，改为进攻周边乡镇，但也被击败。这可以说为叶名琛最终能守住广州城几乎起到了决定性作用——如果陈开的10万大军真的加入到了攻击广州的战斗中，那后果对于叶名琛来说一定将不堪设想。

“红兵”从包围广州，到久攻不下，先后数月。这么长的时间里，如果“红兵”对广州实行完全性的物资封锁，那城内军民会被困死，广州也会不战自破。那么叶名琛在这么长的时间里，又是如何解决一座孤城的物资供应的呢？且这么长时间，需求量又如此之大，这是靠偷越或强越“红兵”封锁线所不能解决的。那么，谁帮了叶名琛这个忙，谁又有这样的能力帮这个忙？

自然只有洋人！

叶名琛命人主动与外国商人取得联系，告诉他们将大量进口他们的粮食，让他们到东南亚各国采购粮食，然后运来广州销售。如此有利可图的大好生意，外商自然是求之不得，纷纷为叶名琛做起了提供粮食的后勤工作。当然，那些外商也知道他们实际上掌握了叶名琛的粮道和命脉，所以在贸易中会拼命抬高价格，那也几乎是顺理成章的事情，尽管叶名琛要军需处每五天就要向他上报一次粮食的进口总量和价格等，但他事实上也不能不让一些外商大发横财。不过对于这一点，叶名琛现在是暂时顾不上了，他最重要的是眼下解决广州军民的吃饭问题，不至于被“红兵”困死。

叶名琛粮食问题虽然解决了，但是蔬菜、肉类等如何解决，也是个问题；虽然这些，人一天两天不吃是不会死的，但长期下去也不行呵！

没想到的是，恰恰在此时，包围广州的“红兵”产生了粮荒。原来，广东、尤其是广州周边，因连年农民起义和各种战乱，实际上各地本身就已没有什么粮食储备，如此数量的“红兵”集结在一块，粮食供应很快就出现了问题。“红兵”包围广州，为的就是将广州困死，可是眼看着广州反而有粮，于是“红兵”就反过头来派人进城去购粮。如此情形不但具有讽刺意味，更重要的是这样一来，广州城里就有了获得蔬菜和肉类的机会了，自然也由此而注定了“红兵”对广州的这次围困已没有任何实际意义了，还有更重要的一点，这也大大鼓舞了守城军民的士气和决心。

叶名琛能通过外商提供粮食，当然也能让他们提供军火。于是大量的军火也源源不断地补充给守城兵勇，甚至周边的乡勇、团练也得到了平时他们梦寐以求的洋枪、洋炮。所以，虽然守城兵勇的人数上与“红兵”相比处于绝对的劣势，但装备上却是处于绝对的优势。不可否认，这自然也是叶名琛最后能固守住广州的一个重要因素。

我们今天来看叶名琛这件事情上的所作所为，虽然不能不说都是事出有因的无奈之举，但是不能不看到，他人生最大的劫数也便从此开始铸下，或许这也是历史不能原谅他的地方之一吧！

“红兵”从 7 月底 8 月初开始对广州城发起攻击，此时由于叶名琛准备充分，采取的一系列对策又正确而及时，所以“红兵”并没占到任何便宜，相反倒在广州一处处城墙下扔下了堆积如山的尸体，有生力量大受损失。后双方又几经较量，虽然广州城仍岿然不动，但是却暴露

广州街景二

出了薄弱环节，这就是它的水路。

12月上旬，"红兵"水师在林洸瀣的率领下，乘大小舰船两千多只，沿珠江水系的各条水路向广州进攻，而此时叶名琛的官军水师舰船数只有五十多只，广州似乎一下子又显得紧张了起来。此时，有人建议叶名琛请停泊在珠江江面上的英国军舰帮助，因为一个多月前英国领事罗伯逊，为了保护他们商人的水上贸易和水上运输，曾要求叶名琛派水师一起打击水寇和艇匪，此时要他们出手相助，一则也属礼尚往来，并无求人之嫌；二则"红兵"水师也对英国商人利益构成了破坏，相信他们出于自身的利益，也会出手相助的，并不会有吃闭门羹而丢面子的可能。此时叶名琛似乎也别无他法，所以便同意属下让人先以商人的名义向包令提出了请求。

然而没想到，此时的包令却端起了架子，并没立即答应实际上是叶名琛提出的要求，但也将话说得圆滑而两可：一是强调英国政府对于叶名琛与"红兵"的此次"内战"的中立态度；二是又表示将派战船驰往珠江以备应付危急情势；最后又留下如果是叶名琛本人相求一定会认真对待的尾巴。

英国领事包令

事已至此，叶名琛再次让步，终于给包令发去了一份照会：

钦差大臣两广总督叶名琛等

前据领事罗伯逊早陈，高栏盗匪为患，求本大臣合力剿灭。为此，本大臣曾调遣官兵，拿获贼人甚多，自首者亦复不少，此乃两国同仇敌忾之明证也。可喜可赞，不胜快慰。如今，省河上贼势猖獗，尤及外国人住处。虽则本大臣已派官兵练勇前往堵截剿杀，惟得悉贵国兵舰此刻亦泊省河护卫。为此，照会贵公使。能力剿匪。即颂时祉。[①]

此照会虽充满了外交辞令，真正目的说得也羞羞答答，但事实上还是很明白的，这就是“能力剿匪”，即请求英国军舰帮助攻击“红兵”

珠江上的水战

① 转引自黄宇和《两广总督叶名琛》第122页。中华书局1983年7月版。

水师。

最后尽管由于种种原因，并没等到英国人出手相助，官军水师便奇迹般地击败了“红兵”水师，但叶名琛发出的这一纸照会，还是成了叶名琛“乞求”外国侵略者镇压本国农民起义军的铁的罪证，这不但又一次让历史不能原谅他，而且后来发生的事实更证明，他此行也又一次为自己的命运铸下了一个终将难逃的劫数。

1854年底，“红兵”不但没能奈何叶名琛率众坚守的广州，相反叶名琛的部队开始转被动为主动，初步解除了广州的陆路之围；1855年春，“红兵”的水师也被打败，广州彻底的转危为安。

至此，叶名琛又一次通过发动群众打“人民战争”，成功化解了第二次“广州之围”。

然而，如果说打败“红兵”的进攻对于叶名琛来说只是赶跑了一只前门的狼，那么他的后门事实上一直就有一只虎视眈眈的虎，而且这只虎更凶恶，更可怕，更难对付，那就是英国人（当然也包括后来加入其中的法国人）。可此时他手上能够用来对付这只恶虎的办法实在是有限了，而且他惯用的“人民战争”的法宝也将从此而不灵，对此正陶醉在胜利喜悦中的叶名琛恐怕还没有想到。

彻底解除了“广州之围”后，叶名琛又命令各地的武装力量，乘胜收复了先期一度被“红兵”占领的其他中小城市和大的城镇，如顺德、中山、东莞、增城、佛山等，珠江三角洲上的绝大多数的中心城镇更是基本收复了，但是在广大的农村，“红兵”还有着很大的势力，他们在进攻城市失利后转入乡村与官军展开了游击战，虽然这样的战事规模都不大，但是层出不穷，出其不意，因此，各地官军和乡勇、团练都不敢稍有放松，否则，说不定“红兵”就会死灰复燃、卷土重来。此时，在广东叶名琛所能掌握的武装部队，最精锐的基本被朝廷征调驰往邻省江西、湖南、福建等参加镇压太平军去了，甚至广东水师竟也曾远赴江苏境内参加镇压太平军的作战；而与此同时，省内的武装格局大体上是这样：在北部和西部，叶名琛的部队以正规军为主，时时在与太平军余部对峙着，不敢稍有松懈和回撤；在南部与广州周边及珠江三角洲一带，叶名琛的部队以乡勇、团练等非正规军为主，与“红兵”交错杂陈着，也形成了一种时时对峙的局面。不难想象，在这样一种情况下，英国人悍然发起入侵战争，叶名琛能有任何军事上的作为吗？他手上能用来抵挡的最多只有身边少量的卫戍部队，还有附近的乡勇、团练；但那些乡勇、团练此时也各有“红军”在他们的家乡要他们对付着，更何况他们多受乡绅的直接领导与控制。乡绅此时觉得，英国人与“红兵”相比离得远了，而“红兵”就在他们眼前危害自己的家乡，这才是他们最要紧对付的，所以并不愿离开乡土去与英国人作战。

再看当年英国人制造上一次“广州之围”时，那些协助叶名琛为徐广缙呐喊者，其中有很大一部分人后来都加入了三合会，成了“红兵”，叶名琛刚刚在对付“红兵”制造的“广州之围”时，对他们大开杀戒，不知不觉间，即使他们仍仇洋恨洋，但现在是连同叶名琛所代表的官府也一样的痛恨了，他们已绝不可能再听叶名琛的指挥了。

再看广州士绅、商人和市民，在此之前之所以听叶名琛的指挥反对洋人，是因为他们本身就恨洋人，恨他们坏了自己生意，断了自己的财路；而他们之所以也听叶名琛的参加镇压“红兵”，也是出于同样的原因；但是在镇压“红兵”的过程中，他们眼看着叶名琛竟然与洋人多次勾结，先是请洋商帮助运粮在前，后是请洋人供军火在后，最终竟然直接请英国军舰帮忙攻打“红兵”水师，他们不得不对叶名琛最终对于洋人的态度产生怀疑；再联想到叶名琛之前，官府（如耆英执政时期）一贯的畏洋、惧夷，甚至“以夷压民”的种种态度与行为，他们即使仍然恨洋人，但也不再相

容闳

信官府,自然而然对于叶名琛的指示还能一如既往地积极响应吗?

叶名琛在与农民起义军一次次大战时,在一旁的英国人一直关注着,他们看到叶名琛对农民起义军一次次大开杀戒时,还送给了叶名琛一个别有意味的外号——“广州屠夫”。当然,这个外号对于叶名琛来说有名副其实的一面,因为他的确手上沾满了农民起义军的鲜血,而且不止在战场上,更在战后的刑场上。

1854年6月25日,叶名琛下令组建了所谓的谳局,专门负责对大量被俘的“红兵”进行审判和执行等工作。谳局的工作经费和人员的工资,来源于罪犯抄没的家财和对其家属的罚款等。事实上说谳局的工作是“审判”实在是好听,因为叶名琛认为,战争时期,非常时刻,一切都得从简,包括司法程序。起初,叶名琛还要求谳局定期送上工作报告,内容包括“罪犯”的来源、人数、审问口供、审判结果、执行情况等,后来由于人数实在过大,这种报告就变成了一种固定格式的表格,谳局只要填一填交上去就可以了。对于那些被俘的起义者,多数是杀掉,无罪释放的只是少数。究竟有多少起义军俘虏被屠杀掉,实在是难以统计,仅从咸丰四年七月到五年九月一年多的时间里,谳局有记录的被屠杀的“红兵”俘虏就有30000多人。当然这还不包括外地州府就地屠杀掉的“红兵”俘虏和太平军俘虏。在处决“红兵”战俘的高峰期,叶名琛亲自勾决犯人,一天中有时竟然近千人,而平常则“每天有八百名被捕的叛乱者在刑场被斩首”。“如果一天只有三百到四百人被处决,就认为是很少了”。1855年的六、七、八三个月中就有75000人被杀。从美国耶鲁大学留学毕业的容闳,回到了他的故乡广州,由于从事军火生意,所以与叶名琛一度关系很近,见到了当时广州及周边一些惨不忍睹的情景,后来他在《西学东渐》一书中对此表达了自己的震惊,并有较为形象的描述:“天啊!这是一种什么景象!血流遍地,街道两旁,无首的尸身堆积如山,等待掩埋,但却并没有任何准备清除的迹象……土地已完全被血水渗透,散发出污秽恶臭的气味,以致周围两千码左右,都被笼罩在这种传播瘟疫的浊气之下。”据有关人士粗粗估算,被屠杀的各种起义军战俘,总数不会少于10万。因此,叶名琛对“红兵”战俘大开杀戒看来是真实的。

然而,尽管如此,叶名琛“广州屠夫”的外号由英国人送出,显然是有他们的别有用心的,至少并非全出于对被杀的中国农民的同情。

面对叶名琛如此大肆杀戮,无论是地方乡绅还是当地百姓都会触目惊心和敢怒而不敢言,英国人正是抓住了人们的这种心理,故意说出人们想说还不敢说话,这样无疑是一箭双雕的事情:既讨好了百姓和士绅,又消解了叶名琛在他们心中的威仪。因为从鸦片战争后,英国人遇到的几任两广总督,叶名琛无疑是其中让他们最难对付的一个,用包令曾经在背后形容他的话说,叶名琛是“一块又臭又硬的石头”;他们还看到,至少在叶名琛两次解“广州之围”的过程中,他归根到底都是利用了自己在人们心中的威信,同时利用了人们仇洋的心理,大走群众路线、大打“人民战争”所取胜的,因此,将来要拿下叶名琛,拿下广州,乃至拿下清政府,就一定要消解叶名琛在群众心目中和朝野上下的威信。此时,正好利用叶名琛大肆杀戮的时机,以民众代言人的面目出现,制造对叶名琛的不利舆论,正可以挑拨人们与叶名琛的关系。

英国人的这一手无疑是十分高明的,效果不但在后来发生的第二次鸦片战争中果然显现,使叶名琛最终失败被俘,而且从当时广州城里人们的反应也可见出产生了效果。

1849年的“广州之围”解除后,广州的市民既为了欢庆胜利,又为了对叶名琛退敌有方、守城有功表示赞扬,曾自发集资为叶名琛在凤凰山下修建了一座生祠。当然这里面不排除有为了拍叶名琛马屁者从中撺掇之嫌,但是从此事本身一没有让当时太多的百姓反对,二没引起一些在朝的官员大做文章,而能让好事者最终将生祠建成来看,叶名琛的确不但在人们心目中具有一定威信,而且在朝中也具有很高的威望。然而就在此时，也就是叶名琛大肆杀戮而得到"广州屠夫"的诨号后，这座叶名琛生祠开始不断遭到亵渎，有一天夜里竟然差一点被一把莫名的大火烧毁。

为此，叶名琛的父亲叶志诜自然又曾扶乩一番，结果显现大为不吉，叶志诜为此忧心忡忡。然而，朝廷一个又一个的任命很快又冲淡了叶志诜的这份担忧：从 1852 年至 1856 年间，叶名琛除了原来担任的两广总督等，又先后被授予兵部尚书坐衔、协办大学士、通商大臣、体仁阁大学士、办理外务钦差大臣等。从这些似乎一顶比一顶闪光的桂冠上，叶志诜很快便忘了他扶乩所得出的不吉预言，相反他似乎觉得自己这个能干的儿子会永远平步青云下去的。然而他哪里知道，既然劫数已经铸下，终将在劫难逃！

叶名琛确实快到为自己手上的鲜血付出代价的时候了。

不可否认，叶名琛所有的顶戴，说到底都是用从百姓那儿搜刮来的血汗钱换来的，同时又是用农民起军的鲜血染红的，他双手沾满了农民的鲜血，这是他永远也洗刷不掉的；然而，在他镇压农民起义的过程中，我们似乎又不能不承认他的确展示了自己超群的军事胆略和才能，至少算得上是个军事内行，绝不是一个军事上的傻瓜和草包——可他后来在第二次鸦片战争中，为什么面对英法联军就变成了一个十足的傻瓜与草包了呢？当然，有人或许会说，他取得胜利的战争都是内战，而反动家伙的共同特点正是：内战内行，外战外行。

似乎真的是这样，叶名琛是这样，曾国藩不也是这样吗？李鸿章不也是这样吗？……为什么都是这样？我们以前在中学教科书里常常可以看到，战争中正义的一方总是能战胜非正义的一方的，难道他们"内战"时"正义"，"外战"时就"不正义"了吗？不，事实上似乎正相反！那到底是什么原因呢？教科书中的分析太过简单了，事实往往要比教科书上的分析复杂千百倍。

还是让我们看看叶名琛在"外战"中，与英国人（后又有法国人加入)再次交手时究竟发生了些什么,他又究竟如何表现的!

其实,对于叶名琛与“红兵”的这场战争,英国人一直都关注着,1854年夏,叶名琛与“红兵”战事正酣,英国人觉得他们出手的时候到了,于是包令趁火打劫,率领战舰北上,企图通过给清廷施加压力,迫使其达到“入城”和“修约”的目的。

1854年6月,包令抵上海。此时的包令,想绕过叶名琛,寻找新的谈判对象。于是便与美国公使一起向江苏巡抚递交照会,并只提出“修约”一事。江苏巡抚遂上奏朝廷,但是让包令没有想到的是,叶名琛不但既是两广总督,还是大清的通商大臣;更让包令没有想到的是,咸丰皇帝便以此与叶名琛演了一出精彩的双簧——他接报后很快下旨,让英、美公使南下,到广州去与叶名琛商谈一切。

或许是包令等以为这一次已有皇帝的旨意,叶名琛会“热情接待”他们了,于是真的乖乖南下广州,再去找叶名琛。8月,英、美、法三国公使会晤香港,向叶名琛提出谈判要求。叶名琛采取一如既往的办法,继续软硬兼施。所谓软,即尽量寻找各种借口拖延会晤,不必说谈判了,当然最好的借口便是“战事繁忙,无法脱身”,因为此时广州正被“红兵”包围着;所谓硬,即自己所守着的底线无论如何也不得突破,即不让其“入城”、“修约”——在叶名琛看来,不管采用什么手段,只要达到这个目的便是胜利。

包令等人由叶名琛再次一如既往的表现知道,就是与叶名琛能再次坐下来谈,那也是白谈,于是决定再一次北上。9月,三国公使再次到达上海,向江苏巡抚再提“修约”要求。但江苏巡抚无对外谈判权,于是三国公使于10月抵达天津,联合起来直接向清廷再次提出“修约”请求。英国提出修约事项十八款,美国提出修约事项十一款。咸丰帝这次或许是出于兵临城下的担忧,部分答应一些条款可予以考虑,如公平审断民夷相争、减免上海欠税、酌减广东茶税等,而认为其余皆“荒谬之极”。但咸丰皇帝仍没忘,即便这三条,也要三国公使重回广东与叶名琛商定，因为叶名琛既是大清国的通商大臣，又是办理夷务的钦差大臣。

三国公使又一次目瞪口呆，因为绕了一大圈，又回到了原点。咸丰皇帝与叶名琛，以双簧的形式，不担哄得洋人团团转，而且似乎又一次“拖”赢了；不过说到底，其手段只是推诿、不作为，甚至是耍滑头。若从这一点来说，后世人们曾给叶名琛以“六不总督”的外号，即谓之对外政策为“不战不和不守，不死不降不走”，似乎倒也恰当。

然而，无论是咸丰皇帝还是叶名琛，他们哪里知道，弱肉强食才是外交事务上永远不变的规律，你一旦沦为了弱者，无论你多么聪明，多么智慧，多么圆滑，终将有一天会成为强者庆祝胜利的酒宴上的一盘美味。所以，无论是对于叶名琛来说，还是对于咸丰皇帝和整个中国来说，虽然看起来这次又取得了个小小的胜利，但小胜在前，正意谓着大祸在后！

该来的一切都会来！

第七章
在劫难逃 束手就擒

1856年10月8日,这是一个注定将载入史册的日子。正是从这一天开始,叶名琛将从他人生的辉煌顶峰滑向深渊,中国历史也将从这一天而改变其原有的进程。

然而,叶名琛当时一点也没有感觉到这一天有什么特别。

一大早起床后,叶名琛照例到庭院里伸展了一番腿脚,也看了看天,照例觉得热。尽管已是九月,在北方已是秋天,该有明显的秋意了,可在广州似乎还是与盛夏无异。叶名琛长得有点胖,胖的人照例怕热,因此,如果说叶名琛在广州有什么不习惯的话,最让他不习惯的就是这里的热了。然而毕竟叶名琛此时已在广州生活了整整十年了,对于这里的热他虽不能说已习惯,但至少不是像最初的两年里那样难以忍受了。

叶名琛的早餐照例是一碗稀饭、一碟小菜、一个鸡蛋和两块蒸糕。

亚罗号

尽管广州人特别喜欢吃早茶，但对此叶名琛几乎从来就没有消受过，一是他根本就没有那个时间和闲心去吃，二是他总觉得也没有必要一顿早餐吃那么多。他的早餐标准多年来一直都是这样，只是到了广州后，用蒸糕代替了馒头或包子，因为广州买面粉不如米粉方便。只是吃蒸糕吃得久了，有时还是会让他有点怀念馒头和包子，总觉得蒸糕缺了那种面的独特香味。

来到督署，一切也与往常一样，照例是衙役将新收到的朝廷圣谕、各地官文、下属申请等统统送来，叶名琛照例是从一件件过目、批示、回复而开始一天的工作；近晌，叶名琛照例开始接见各地下属，或听取汇报，或面授机宜，或加以训诫……

总之，那天一切似乎都很平常，如果说有什么特别的，似乎那一天的督署显得似乎比平时清闲些许。

未时过后，一天的工作已快结束，叶名琛见众衙役进进出出间多面带倦意，自己似乎也一阵倦意袭来，正想靠上椅子上闭目养神一番，此时总兵梁国定派人来报，截获一艘装满走私货物的走私船只，已将船上的船员 12 人收捕，只是其中船长是一名英国人，问如何处置。叶名琛似乎想也没想，就吩咐例行处置，因为在他想来，船既是中国的，走私又是铁证如山，怎么处理都是自己的事。

可是没想到，三天后，也就是 10 月 12 日，英国驻广州领事馆却将一封抗议书送到了叶名琛的总督署，说是抗议中国不但查扣了一艘英国商船“亚罗号”，并逮捕了船上英国船员 12 人；还说最让他们不能容忍的是，中国水师还侮辱了他们大英帝国的国旗……

叶名琛几乎刚将英国人的这份抗议书看完，衙役便通报千总梁国定求见。或许是这梁国定自己听到了点什么风声，觉得把事情闹大了，亲自到督署解释来了。叶名琛心想，如果真如英人函中所告，那这个梁国定的祸可算是闯大了。不过叶名琛又根据他对这个梁国定的了解，断定他并不是如此冒失的人，这英国人的商船好好的他去惹它干什么呵？作为水师千总的梁国定，在海上也与洋人打交道多年，这点规矩他照理也应该懂得的。再说，这个梁国定，平时更不是个欺上瞒下的人，他三天前明明报告说是一只中国船嘛！

叶名琛当然不能只听英国人的一面之词。梁国定现既已到了，再问问梁国定，看看究竟是怎么回事。于是传见梁国定。

果然不出叶名琛所料，事情并非出于梁国定惹是生非或说了谎，倒是英国人的所谓"抗议"实在是有点胡搅蛮缠。

原来这条"亚罗号"真不是"英国商船"，因为船主是中国人，这是铁的事实。英国人说它是英国商船的理由最多只有两条，一是船长是一名英国人，二是这条船曾在香港登记租用过。但尽管如此，也并不能因此而说船也是英国的，因为一是船长只是船主雇用的，船长的国籍，与船的国籍无关；二是这条船确曾被香港租用过，但目前租用期限已过十天了，所以说这条"亚罗号"应该是一条地地道道的中国船。再则这"亚罗号"也并非是一条正经的商船，而是一条走私船。三天前千总梁国定正是得到举报，说亚罗号从澳门装了大量物资将走私到广州，所以他才对它进行检查的，检查结果又恰如举报，所以他才对"亚罗号"进行暂扣，对船上船员也进行暂扣，这都是再自然不过的事情，也是再合情、合理、合法的事情。至于英国人说的"侮辱国旗"，是因为在检查时，士兵觉得这船既不是英国的还挂着英国的国旗，便生气地将英国国旗扯下来扔在船的甲板上而已。硬要说这就是"侮辱"，那也实在是小题大做。

巴夏礼

当叶名琛知道了事情的原委后，觉得梁国定所做并无多少不妥，自然站在了梁国定一边，这样一来，这梁国定倒退到了事件的后台，而叶名琛自此走到了台前，直接与英国人展开又一次较量了。

此时的英国驻广州领事休假，代理的是一个叫巴夏礼的二十多岁的毛头小伙子。此人当初是随着英国商船来到中国的，最初几乎只是一个混码头的小混混，后来因为混得时间长了，懂得了中文，于是从做翻译起家，进入了英国驻华的官方机构工作，此时竟有了代表广州领事的机会。但是此人从混码头时就养成了很强的惹是生非、争强好斗的性格，再加上年轻气盛，所以"亚罗号事件"发生后，他不分青红皂白，就摆出一副斗狠的架势，除了表示抗议外，还向叶名琛提出了以下三条要求：

一、赔偿英方所谓"损失"。

二、立即将被中方逮捕的12名船员释放交由英方。（其理由是根据中英《南京条约》有关规定，即使中国人犯了罪，只要他们逃到了香港或英国人的船上，中国官吏就不能逮捕和问罪他们，而应该交给英

英帝国的典型战争宣传。官方作品的标题是"中国官兵扯下了在亚罗号的英国国旗！"

国人处理。)

三、叶名琛必须就此事代表中方“具状谢罪”。

可是在叶名琛那里，或许他本来就没有将这个毛头小子放在眼里。再说叶名琛对于洋人从来就是以强硬著称,现在似乎又得理在手,自然不肯答应巴夏礼提出的无理要求。然而尽管如此,事实上叶名琛此时也没有像后来一些人说的那样遇事只知一味强硬,而是表现得似乎很有手段:

一是据理驳斥。“亚罗号”并不是英国船,所以《南京条约》的规定并不在此适用;但同时也似乎为了让英方有台阶可下,叶名琛10月14日下令交出了5人给英方,并给出了理由是,因为另外7名船员已对自己的罪行供认不讳了,就不必再交英方审理了。

二是巴夏礼要叶名琛“具状谢罪”,叶名琛当然不干,但他终也派了县丞伍崇曜前去英国领事馆与巴夏礼交涉,并传过话去:“小事何足较!”

然而英国人似乎不依不饶。

10月21日,巴夏礼竟然又向叶名琛发出了所谓“最后通牒”,条件仍是前面三条。此时叶名琛再次给英国人台阶,将收捕的“亚罗号”船员全部释放了,但仍拒绝“赔偿”与“具状谢罪”。

从这一事件的前前后后来看,叶名琛表现得似乎并没多少像后来人们所传说的那样“强硬”,那样“惹火烧国”,相反我们看到的事实是,叶名琛似乎一直在寻求折中,甚至当1856年10月14日,巴夏礼与义律命令英国军舰掳去一艘他们认为是“中国水师船”的船只,逮捕了船上所有船员后,叶名琛也没有任何过激举动,而是仍以静制动、以不变应万变,希望最终能将危机“大事化小,小事化了”,甚至可以将他的表现说得更好听一点:有理有节、不卑不亢。其实当时就有人给了他这样评价,且这个人是一个外国人,一个中国人后来人人都十分熟悉的外国人——马克思。

马克思在“亚罗号事件”引发战争两个月后,曾写下了《英中冲突》

一文，以社论形式刊登于1857年1月23日的《纽约每日论坛报》上，不但充分肯定了叶名琛处理亚罗号事件过程中，从纯粹的外交手段上而言，做到了有理、有利、有节，他还明确指出说："全部事件过程中，错误在英国人方面……确实，这个中国人（指叶名琛）如此令人信服地把全部问题都解决了。"后来他又在另一篇题为《英人在华的残暴行动》中，更明确地称赞叶名琛说：

英国海军司令西马縻各厘

> 叶总督有礼貌地、心平气和地答复了激动了的年轻英国领事的蛮横要求。他说明捕人的理由，并对因此而引起的误会表示遗憾，同时他断然否认有任何侮辱英国国旗的意图。……中国官吏心平气和，冷静沉着，彬彬有礼。

只是叶名琛不会想到，此时任凭他再"有礼貌"，再"心平气和"，再"冷静沉着"，再"彬彬有礼"，也不能阻止一场大火即将燃烧，"亚罗号事件"只是一个导火索而已，因为英国人早就等着这把大火了，现在导火索既已有了，而且既已由巴夏礼冒冒失失地点燃了，哪还有让它熄了的道理？

巴夏礼几乎在逼叶名琛"具状谢罪"的同时，就与香港总督包令及海军司令西马縻各厘密谋，如何利用此事再次逼叶名琛答应他们"入城"和"修约"。于是包令等以叶名琛派去的县丞官职太小，是故意轻慢英方为理由，于1856年10月20日率领舰队再次沿珠江北上，开始向广州进攻。随后，英国政府得知此事，首相巴麦尊更是一副正中下怀的表现，他力主对中国实施军事侵略，并于1857年2月，向国会提出了

“中国政府凌辱外人之事二十八端”的提案，要求政府拨出专项军费，对中国实施军事进攻。然而英国议会多数议员在了解了事件的真相后，认为包令、巴夏礼对事件处置失当，尽管上院以微弱多数通过了巴麦尊的提案，但在下院未获得通过，这样巴麦尊的提案最终被否决了。然而巴麦尊为首的英国政府，此时觉得机会千载难逢，铁了心要一条道走到黑，竟然为此而解散了议会，并重组了新议会。在新的议会上，巴麦尊自然再一次提交进攻中国的议案，并在表决前进行演说煽动，说中国人为野蛮人，蔑视条约，傲慢无礼等，为他这样一份侵略性提案说得似乎理直气壮，然而其背后唯一的真实原因是，如同寓言里的那只狼已决定要吃掉在河边喝水的小羊了。这一次，议会终于通过了巴麦尊的提案，英国政府决定要中国“改订条约”和“赔偿损害”，否则就发动战争。同时遍告美、法、俄等国，“请共遣使节会北京”，但终只有法国跟进了，因为此时，正是拿破仑三世执政，他“正欲耀武扬威，为‘圣教’立功，以博法人拥护”，于是也学着英国人的样儿，找到了一个“马神甫事件”的导火索，毫不犹豫地点燃，于是“英法联军”浩浩荡荡地向中国开来，向广州开来。这一次，叶名琛在劫难逃了。不，在劫难逃的还有他身后的清廷和这个古老的国家！

巴麦尊

这一次，一贯表现强硬的叶名琛，事实上却表现得十分软弱，软弱得几近傻瓜。其背后的原因或许是叶名琛知道了英国政府在通过对中国战争的提案时也曾有波折再三，为此而对英国政府抱有幻想（他被俘后一再表示要去英国与女王当面理论，或许也与此有关）；或许是叶名琛此时手上根本就没有强硬的资本；或许还有如后来人们传闻的那样，叶名琛听信了他父亲叶志诜扶乩所得的预言，敌人只是虚张声势，最终会自动退去的——到底出于哪一种原因，抑或三者兼而有之？史料上不见叶名琛明确说过，因而今天的我们不得而知，只能根据后来所发生的事实进行一些推断了。

前面已经提到，英军舰队1856年10月20日开始沿珠江北上，只过了一天工夫，即10月21日，包括虎门诸炮台在内的虎门至广州珠江沿岸炮台，就基本被英军攻陷了，有的竟是中国守军望风而逃拱手相让。

10月25日，英军又攻陷了广州城外的猎得与龟江炮台。

作为最高军政首脑，此时的叶名琛不可能不知道他将面临严峻的形势。那么他将如何应对呢？这里我们先不说后面叶名琛事实上所采取的措施，也先不对此作任何评说，我们只是先设想一下，此时叶名琛可以采取的对策将有哪些？想来无非只有三种：一是战，二是和，三是逃。除此之外应该别无他法了吧？

逃，自是无论如何为人所不齿的，不可取。叶名琛自始至终都不曾临阵脱逃过。

和，不答应人家条件，人家不会与你"和"；而答应就意味着投降。所以不是不能"和"、不想"和"，是人家不与你"和"，和不得！

至此似乎只剩下一条路可走了，那就是战，即坚决武力抵抗，死守城池。那么，既然战，就要想，怎么战？拿什么去战？

洋人长于火器，这是当时众所周知的常识；一天之内，英军势如破竹，连下珠江沿岸炮台，这更是事实摆在面前，不能不信！相反，如果谁真的不信，而非得让清军士兵坚守在城上的那些土炮位中与英人一比各自大炮的厉害，那他一定真是个傻瓜。只要不是傻瓜，就会想到只有等敌人攻进城展开近距离作战时，或许可与之一拼；更何况敌人并不真的攻城而只是虚张声势的可能性也并不是绝对没有——叶名琛想来不会是真的傻瓜，我们今天能想到的这些，他当时一定也会想到的吧！

打仗当然首先靠军队。但叶名琛手上有多少军队？广州城里总共只有军队10000人左右。或许有人会认为，这足够了呵，因为你叶名琛当年不是在手上军队与“红兵”15000 比 20 万的情况下也敢横刀立马吗？现在英军总共才 1000 多人,10000 比 1000 他还有什么不敢战的？还有什么可怕的？

我们推论至此,再来看叶名琛的事实表现：

叶名琛表现出怕了吗？没有！

当巴夏礼的照会送到叶名琛手上时，他微笑着对下属说：“必无事,日暮自走耳。但省河所有之红单船及巡船,可传谕收旗帜,敌船入内,不可放炮还击。”第二天,当英军开始攻击凤凰岗炮台时,属下都沉不住气了,唯叶名琛仍一如既往岿然不动。对于叶名琛此时的态度和表现,后世人多莫名其妙,也多指责其迂腐无知,但绝没有人指责他胆小怕死的。是的,叶名琛表现出的如此临危不惧,不管怎样,不说其“可贵”至少也是“难能”的吧？再则,我们换一个角度来看,如果叶名琛不是如此表现,而是表现得张皇失措,同时下令开炮,那后果会如何,应该是不难想象的吧？

叶名琛真的不敢战吗？没有！

当 10 月 27 日,敌人的大炮每五至十分钟就对他的总督署轰击一次,并已将督署轰成了一片瓦砾时,他正襟危坐于大堂之上,发出的最后一道布告全文如下：

> 太子太保两广总督部堂叶,为晓谕事：照得英夷攻扰省城,伤害兵民,罪大恶极。合行晓谕,公同剿捕。为此仰合省军民铺户人等知悉,尔等务即戮力同心帮同兵勇,但凡见上岸与在船滋事英匪,痛加剿捕,准其格杀勿论,仍准按名赏银三十大元,解首级赴本部堂呈验,毋稍观望。各宜凛遵毋违。特示
>
> 咸丰六年九月二十九日示

至此,我们完全可以说,叶名琛的临危不惧,并非一定如一些人指

被英、法联军焚毁的广州街道

责的迂腐与无知，因为再迂腐再无知者，也不会迂腐、无知得不知道炮弹不长眼、人命只有一条吧！叶名琛如此表现完全是自有其目的：尽量避免与英军打仗，如果要打，也不打第一炮第一枪，以此尽量争取舆论的同情，激起民众的愤怒，从而获得支持；同时也不与敌人作远距离的火拼，而是等敌人进城后，发挥我方优势，作近距离的拼杀，并发动群众，再打一场"人民战争"——这样才有取胜的可能与希望。

这里我们再回过头去看一看，叶名琛为什么会在英军进攻广州的非常时刻选择到科举考场去"看乡试马箭"，这看起来仅仅是因为巡抚伯贵当时在北京，而他是代巡抚去例行公事，其实决不是如此简单。叶名琛本可以找到太多不去的理由，但他偏选择去那里，想来最大的可能是他要让人们看一看，他原本并不是个好战总督，原本是一个文官，战争则完全是敌人强加于自己的，最终也以此多少博得一点人们的同情。

事实上，以后所发生的一切似乎果真都不出叶名琛所料：广州的部分民众开始反击英军了，虽然只是很少的部分（为什么只是很少的部分民众，原因在上一章已作了交代，这里就不再重复），但英军的弱点便因此而暴露无遗了，局势也越来越让英军招架不住了。西马糜各厘先是不得不在街区掘壕自卫，不久便不得不放弃商馆区中的据点，到1857年2月15日,终于不得不撤离了广州。

叶名琛似乎又取得了一次胜利,他当然将这一胜利立即报告了朝廷,然而这一次却迟迟没见朝廷有任何对他的表彰和嘉奖,这似乎是绝无仅有的,而叶名琛似乎已习惯了朝廷每在他取得一次大小不同的胜利的时刻都会给他及时的表彰、嘉奖和封官,这次的一反常态,让叶名琛隐隐有一种忧虑和不祥爬上心头。

据朝中的各种关系传过的信息,如今大清的政坛上曾国藩俨然是一颗正在冉冉升起的政治新星,因为他的湘军在这些年镇压太平天国的过程中正越来越起着中流砥柱的作用,如果有一天,金陵真被湘军攻破、太平天国运动被镇压,两江地区作为全国最主要的税源地,又回到了清廷的掌握之中,相对来说两广的饷源地位自然会有所下降,甚至今后终会有一天显得不再那么重要。“飞鸟尽而良弓藏,狡兔死而走狗烹”的事情,历史上真是太多太多了!朝廷这一次的表现,难道是将卸磨杀驴的前兆吗?想到这里,叶名琛不寒而栗。

法军设在广州城门口的哨所

还有让叶名琛想起来就不寒而栗的,就是这次与英人交手过程中出现的种种迹象,或许别人并不一定能看得出来,但叶名琛自己已敏感地觉察到了。

首先是广州的士绅和商家,叶名琛明显感觉到他们对于他发出的战前号召和战斗动员,不但所表现出的主观热情已大不如从前,而且客观能力也大不如从前。

士绅、商家之所以听从号令,反对洋人,说到底这里面除了有民族情绪外,更有他们维护自身利益的原因:如果洋人完全控制了贸易,广州士绅和商人势必会处于完全被打压的地步，利益必将受到巨大损失；可如果完全中断贸易，他们的利益似乎不是损失，而是会随之断绝，那更是他们所不愿意的。1856 年 12 月 26 日，叶名琛曾下令关闭海关，停止所有外贸。他这样做的目的本是想以此要挟英人，因为在他看来，无论是英国人，还是其他别国人，只要是洋人，都是为了贸易而求利来的，如果真中断与他们的贸易，他们到时一定会服软的。叶名琛虽然猜想的并不能说全错，但是这一次他错了。事实上，叶名琛此举不但没有挟制住英人，反而伤的是自己。此时广州并非是中国唯一的通商口岸了，除了广州外，还有福州、厦门、宁波和上海，叶名琛虽然挂着大清国通商大臣的名义，但是事实上他除了能控制自己坐镇的广州海关外，其他地方他并不能控制，洋人可以照常通过其他口岸进行贸易。这可是广州的士绅与商家最不愿看到的，所以便自然而然间对叶名琛敢怒而不敢言。由于战乱等种种因素，此时的广东走私本来就已十分严重了，现在叶名琛又下令关闭了海关，可是与此同时又无力打击走私，走私活动则更加疯狂；甚至广州原来的一些合法经营的商人此时也参与其中了，因为他们不能眼睁睁看着别人挣钱呵！这样一来，叶名琛自断了关税收入，而对于洋人来说，反而挣得更多了，因为他们干脆直接走私，连关税也不用交了。这可是朝廷很不愿意看到的。咸丰皇帝虽然没有就此事本身指责叶名琛，但他曾不断谕示叶名琛催要关税，这让叶名琛非常尴尬。海关的关闭，无疑让大多数士绅与商家遭受了损失，而由此造成的连锁反应是，乡勇、团练的涣散。因为乡勇与团练的经费历来是都有士绅与商家捐助的，而士绅与商家由于遭受了他们想来不必要的损失，所以捐款的热情就大不如前了，更何况，经过一次次的战争、一次次捐助，实力确实也大不如从前了。本想要挟洋人的，结果事实上是叶名琛自搬石头砸了自己的脚。

再看广州的民众，叶名琛也明显地感觉到他们对于他的号召也不再一呼百应了。

英、法联军抓捕苦力，强迫拆毁民房。

广东的乡勇、团练及其组成人员大体上有两种，一种是为钱卖命者组成的，另一种是一些揭竿而起的有正义感的人组成的。对于前者，本来是受人们侧目的，从前都是受官府打压的，可自从参与了叶名琛号召的反击洋人的“人民战争”，并取得胜利后，得到了皇帝和朝廷公开给予的高调褒奖，所以他们也神气了起来，这样的队伍也多了起来。但是，现在没钱了，这样的队伍也很容易散伙。广东的乡勇、团练，从产生的那天起原本就是一支并不受官方节制的武装，本身又极其复杂，同时也极不稳定，很容易被各种势力所利用。有的牵头人组团的目的就是为了发财，所以平时根本就不给士兵发饷，只是不定期地给他们发一点伙食费。这样的队伍当然也就缺少必要训练与管理，因而纪律涣散、战斗力低下自不必说，有时还风吹两面倒，甚至有时还干些打家劫舍危害百姓的事，几乎与土匪无异。这无疑大大败坏了乡勇、团练的声誉。一些当初出于义愤而参加乡勇、团练的民众，至此为了摆脱乡勇、团练这种不良的集体声誉，也纷纷退出。对于这一切，叶名琛有心整顿，但一是要钱，他拿不出，因为朝廷更要钱；二是要有时间，他也抽不出，因为战争不断。

对于这些造成不能对民众一呼百应的原因，叶名琛此时虽然自己已有所觉察，甚至已清楚明白，但他暂时也只好无能为力；至于上一章已提过的，更深层的原因，叶名琛此时或许还没有觉察到，如果觉察到，他一定更加的不寒而栗。

怎么办？

首先是尽量避免再与英国人开战，如何避免，唯一的办法就是主动求和，当然在朝廷允许的“不伤国体”的前提下。

据史料显示，从 1857 年 5 月开始的短短五个月内，叶名琛一次又一次的主动找英国人沟通，表达自己的和谈愿望：

5 月 21 日，叶名琛派水师提督主动找包令沟通，并表示愿意举行和谈，但得到的包令回答是，坚决不与叶名琛作任何和谈。

额尔金

1857 年 7 月 24 日，叶名琛第二次派出两名官员专程去香港找包令沟通，并明确表示和意，但此时包令已被英国政府解职了。

当得知额尔金接替了包令，叶名琛又于 1857 年 10 月 24 日派人找到额尔金，第三次表达了希望停止战争，通过议和来解决双方争端的愿望，但额尔金盛气凌人，不理不睬。

看来求和注定是不成了，战争将不以自己的意志为转移地重开，那一定得让民众了解自己的战略意图，于是叶名琛授意乡绅，向各地发出檄文：

> 夫该夷……乃敢无名现师……夫为战为守，我中堂固有制胜帷幄之方，而自安自全，全绅民宜竭共卫桑梓之志。粤东物力素富，无直于外夷，而该夷远航来商，居止食用之需，事事借助于我。

今其所聚以为窟者香港耳，所持以肆毒者船炮耳，我欲制之，下必为迎头之击，为探穴之谋；不必希一战告成之功，而当掺历久与持之计。诚能联众心，合众力，停止市易，绝不与交，然后集其港口近处团练，分番环攻，务倾其巢，覆其卵，当无不可以得志矣……有一日杀英夷不绝，期以一年，二年三年不绝，期以五年或十年二十年，务使根株悉拔而后已。[①]

叶名琛冷静地看到了，与英国人的这一场战争，只有通过“人民战争”和“持久战”才能取得最后胜利。然而时至今日，这只能是叶名琛的一个如意算盘或美好愿望了：“人民战争” 他事实上是难以发动了；而他所希望的“持久战”更是不可能出现，一是船坚炮利的侵略者绝不是当年的“红兵”所能比拟的，他们手上拿着的武器是当时世界上最先进的科技的产物，而与之相比，中国军民手上拿着的绝对不是与之同属一个时代的兵器，是断难与之“持久”战斗的，这一点侵略者看得比谁都清楚，正是因为这一点，他们才敢如此的肆无忌惮，包令就曾以轻蔑的口气说：“以野蛮时代的武器和兵法，同当今昌明的科学所发明的各种装备以及首屈一指的海陆战战略相抗争，其结果只有一个。”再则退一万步说，即使真的发生了“持久战”，那别忘了当年“红兵”包围广州的一年中，叶名琛正是依靠外国人才解决了广州的供给问题，而现在设想一下，包围广州的变成了占有绝对水上机动优势的侵略者，广州如何解决供给，能不能顶住？也真是很难说！

但毕竟叶名琛在小小的暂时性胜利面前的表现还算是冷静的，而与叶名琛的冷静求和相反的，此时的广州市民则显得欢欣鼓舞，他们一面庆祝胜利，一面焚烧洋楼、捣毁洋行，也不管这些洋楼是英国人的还是法国人、美国人或其他哪个国人的。他们哪里知道，自己的行为正是

---

① 转引自黄宇和《两广总督叶名琛》。中华书局 1983 年 7 月版。

敌人所希望得到的侵略借口，而且也让敌人有了扩大同盟军的借口！

1857年12月12日，英、法组成联军，打着保护侨民的旗号重开战火，美、俄虽没直接加盟参战，但也在一旁鼓噪附和，并等着从中能坐收渔利。

至此，如果说真有“惹火烧国”者，那倒绝不是叶名琛，而是那些不管是哪国的洋楼、洋行而一律焚烧和捣毁的人。但那些人到底是谁？谁也说不清、也记不得；能说得清、记得清的，只有叶名琛这个倒霉蛋，因为他此时是坐镇广州的最高朝廷命官，哪怕他并没有惹火而相反倒是希望灭火。

叶名琛的和谈梦想被英、法联军的大炮轰得粉碎，他只能迎战了。但如何迎战？自然如法炮制，继续寄希望于发动群众，将敌人湮没于“人民战争的汪洋大海”之中。然而这次来犯之敌，不是西马縻各厘的三艘军舰，一千之众，而是英、法两国联合组成的一支庞大舰队，舰数十艘，军数万众。要“湮没”这样一支敌人，真的要是个“汪洋大海”才行。然而，此时的叶名琛，是万难再组织出如此巨大的一个“人民战争

联军在广州城疯狂抢掠后，带着抢来的财物返回驻地

的汪洋大海”了。此时,叶名琛的处境是尴尬的:面前是凶恶的敌人,本以为能作为依靠的力量事实上却无情地抛弃了他。但这说到底又怪不得别人,一切都是他自己种瓜得瓜,种豆得豆,他当初铸下的劫数,现如今到了都得兑现的时候了。

史书载:“英人限名琛四十八小时以内让城引去……(叶名琛)默念与洋人角力必不敌……又私揣洋人重通商,恋粤繁富,而未尝不惮粤民之悍,彼欲与粤民相安,或不敢纵其力之所至自绝也。其始终意计殆如此。”[①] ——叶名琛不寄希望于这,还能寄希望于什么呢?

史书还载:“炮声四起,督臣始周各乡团练,未能齐集。”——团练哪里去了?在各地乡间与太平军和“红兵”作战哩!在一旁静看热闹哩!甚至躲得远远的幸灾乐祸哩!……反正不再听叶名琛忽悠了。

那么,还有朝廷的正规军,“旗营”与“绿营”的军队呢?——早被调往更远方镇压太平天国去了!剩下的总有一些吧?有:

> 打仗时他根本不上城头。打完了仗,他也不把自己那多达七千人的队伍团结在他周围。法国人打进衙门时,他根本不作抵抗,而是从一个房间逃到另一个房间,最后在一个肮脏的柜子里被抓住,拖了出来。如果不是欧洲人而是太平军抓住了他,他一定会跪倒在他们脚下号哭示饶。[②]

这是外国侵略军事后在回忆录中描绘出的清军正规军将领广州将军的形象——将领如此,部队还能打仗吗?

大势如此已去,叶名琛纵有三头六臂,他又能如何?等待他的命运可想而知!

尽管叶志诜告诉叶名琛,他在长春仙馆曾为眼下局势扶乩,所得

① 萧一山《清代通史》(三)第368页。1963年台北版。
② 可克《中国》第343页,转引自黄宇和《两广总督叶名琛》。中华书局1983年7月版。

结果是英、法联军不日自将退去,但叶名琛此时并没有相信,他毅然赶在敌人破城之前,将包括父亲在内的所有家眷全部送出了广州。与一家人作别时,叶名琛流下了眼泪,因为对于广州的命运和自己的命运,他比谁都要更清楚、明白!

英国随军画家笔下叶名琛被俘的情景

1857年12月27日,英、法联军六千多人在广州城外登陆,并发出最后通牒:二十四小时之内进行攻城。

12月28日,英、法联军攻占珠海炮台,并炮击两广总督署,随之两广总督署成一片火海,叶名琛逃往粤华书院。

12月30日,英、法联军将领穆克德讷攻入广州西门,并摧毁城楼上守城大炮,同时发布告示,他们此战只追杀总督叶名琛一人,并不会杀害百姓。

12月31日,广东巡抚伯贵投降,并以答应向朝廷参奏叶名琛"惹火烧国"之种种"罪行",且将折子稿起草后先送英、法联军过目再递交朝廷。英、法联军随即命伯贵筹建广州傀儡殖民政权——"治安委员会"。

1858年1月2日夜,叶名琛转移至都统署花园一八角亭中。

此情此景之下,不知叶名琛有没有想起早年他给父亲对出过的那两个下联?他此时的处境又多么像一条离水的"比(闭)目鱼",像一头被困的"独角兽"呵!

1858年1月4日,英、法联军大肆劫掠总督署中财物、档案等,并全城搜捕叶名琛。随即,叶名琛被捕,被押上英舰"无畏号"。

1月5日,"无畏号"载着叶名琛驶往香港。

第八章
海上苏武 不食英粟

阴霾笼罩着大海,海浪撕扯着南中国支离破碎的海岸,湿冷的海风吹拂着岸边似乎一座巨大工地般的城市——香港。

香港,本只是一座孤悬于南中国大陆之外的一座小岛,一条美丽的河流在它附近北来入海,而河的沿岸又出产一种莞香,因此,便河名香江,岛名香港。自从1842年8月清政府与英国签订了中英《南京条约》后,香港岛与周边的几座小岛一起,似乎一夜间热闹了起来,海滨码头被不断扩建,码头泊满了大小不同挂着各国旗帜的商船与军舰;一座座西式的洋楼、别墅、教堂等,更是在这里的每一个岛屿、每一片滩涂和每一座山涧如雨后春笋一般冒了出来;这片本听着海涛已沉睡了千百年的弹丸之地,似乎一夜之间就变成了一座海滨都市,因这座城市以香港岛为中心,所以人们自然也以岛名为市名,称之为香港。然而眼前这座城市的建设似乎还远远没有完成,一眼望去,在建的建筑

英国“无畏号”战舰

似乎远远多于建成的建筑，因此，此时的香港与其说这是一座城市，还不如说是一个巨大的建筑工地。

时在1858年2月23日凌晨。

叶名琛终于迷迷糊糊地睡了，此时他正身躺在英国“无畏号”军舰舰尾的一间几乎与水面相平的小舱里，而“无畏号”正停泊在香港港内。

突然，“无畏号”的一声长长的汽笛声将刚刚迷糊入睡的叶名琛惊醒了，但他并没立即起床，而是在心里禁不住想：难道“无畏号”今天真的要启航去英国了？难道自己真可以有见到那个传说中还算通情达理的英国女王并与她一作理论的机会了吗？

叶名琛等待这一天已等得太久——整整48天了！

“无畏号”是1月5日从广州驶至这里的。这48个日夜对于叶名琛来说是比死还难过的，因为本是大清国封疆大吏的他，此时的身份则是英国人的阶下之囚！白天，他尽管冠服巍峨、举止从容，甚至整日里还面带微笑，所有举止都不曾失过大清重臣的风范和气度，饮食和起居也努力保持着规律，但是内心的痛苦、不安和耻辱只有他自己知道；每一个夜晚，他都听着舱外的波涛声无法入睡，那每一阵浪涛都似乎拍打在他伤痛的心上，让他焦躁的心境更加焦躁，纷乱的心绪更加纷乱。有时凌晨时分，带着纷乱的思绪勉强迷糊一阵，无休止的噩梦又常常让他迅速惊醒……叶名琛还躺着，但他已分明感到身下的“无畏号”真的动了。看样子它终于要起航了！此时的叶名琛翻身下床，几乎有几分兴奋。

其实,叶名琛生出要亲自与英国女王作一番理论的想法已由来已久。

1857 年 10 月,此时离“亚罗号事件”发生正好整整一年。一年来,英、法联军咄咄逼人,但叶名琛也一直不曾示弱,双方在虎门炮台、珠江江面、甚至广州城下几经交手,叶名琛坚信那只是打了个平手:虽然虎门炮台曾于 1856 年 10 月 21 日被西马縻各厘舰队攻占,但 11 月 22 日在叶名琛的命令下,清军终又将炮台收复;虽然英、法联军船坚炮利,但在 1856 年 12 月的珠江江面的水战中,清军水师凭着自己的灵活机动、战术多变,竟然第一次战胜了联军,一度取得了珠江的控制权;虽然从 10 月 27 日始西马縻各厘不断炮击广州,并一度攻进了城内,给城内百姓生命和财产都造成了巨大的损失,但在叶名琛亲自发动的“人民战争”下,西马縻各厘被迫于 1857 年 2 月 15 日撤出广州,叶名琛遂下令追击……此后数月之内,双方都相安无事。

正当叶名琛对于对手下一步的动向一时摸不着头脑时,萧安定的情报及时到了。

萧安定本是当地一名士绅,在广州、香港一带有着深厚的社会背景和丰富的社会关系,又懂得英语,最为难得的是此人有着强烈的民族自尊和爱国情感。叶名琛便任用他潜入香港,组建了一支数十人的谍报队伍,搜集各种情报。萧安定的工作十分得力,他与叶名琛约定,每五天联络并传送一次情报。萧安定所提供的这些情报来源广泛,如原是英文的,萧安定都事先将其译成了中文;内容上更可谓是丰富而翔实,既有驻港英军兵力部署、调遣情况等,还有香港社会秩序、治安状况,英国经济、政治动态等,甚至还有周边地区的一些情况等。这些情报为叶名琛在战争中的每一次决策都起到了积极的作用,为此叶名琛曾不无得意地说:

从前,林文忠公(林则徐)好用谍报而反为探报所误,偏听故也。我则合数十处报单互证,然后得其端绪。[①]

叶名琛收到萧安定送来的情报后,自然与以往一样,又与其他渠道得到的一些情报进行了一番比对、分析与研究,大体上得出了两个判断:一是,英国在与俄国刚发生的克里米亚战争中吃了败战,俄国人向英国人狮子大开口,要英国人赔偿 780 万两白银作为战争赔款——由此推断,英国人之所以急于进入广州,是因为要急于筹措这笔赔款,因为一旦进城,就可每天增加各种税款三万两以上;二是作为英国殖民地的印度,近日发生了兵变,英国为了镇压,也是损失巨大,尤其是军队减员严重——由此推断,英国近来已无能力再一次发动对中国的战争。再加上还有情报说,英国女王已书令远在东方的英军首领包令、巴夏礼和额尔金等,要他们不要主动与中国挑起事端。叶名琛在随后给朝廷的奏折中写道:

该国女王书,务使好释嫌疑,毋得任伏威力,恃强行事。即中国有未能相允之事,仍当和衷审度,据情报奏,听候国书施行,断不能妄动干戈,复及沿海各省,有失国体。[②]

正是凭借这些,叶名琛不但作出了一个断判,这就是,"亚罗号事件"后英、法联军(至少是英军)的一系列军事行径,都是包令、巴夏礼和额尔金之流的寻衅滋事,并非英国政府和国王本旨,而且他觉得,英国女王似乎倒是一个比她的将领"通情达理"之人,或许可"以口舌动也",只要有机会向她晓之以理、动之以情,只要让远在天边的她看清局势,中、英双方便可以从此各得其所和平共处了。

因此,1857 年 1 月 5 日,英军在广州黄埔港将叶名琛押上"无畏

① 华廷杰《触藩始末》。
② 转引自萧一山《清代通史》第 368 页。

号”军舰时,他没有选择以死殉节,而是选择了登舰。当他从码头将登舰的跳板走了一半时，随行的仆人目使海面并不断向叶名琛递眼色，意在要他跳海,他也明明看在了眼里,但毅然装着没有看到——叶名琛没有死,而是从容地登上了“无畏号”。

当然,这并不是说叶名琛怕死。叶名琛在来广州之前就曾听说过这两广总督署是大清的一处政治坟场,只是那时,他将去广州赴任的只是一个小小的布政使,心想,自己的位置离那总督还远着哩,所以并没放在心上。可是叶名琛来广州仅仅一年后,便擢任广东巡抚,39岁成了真正的封疆大吏;1852年又升任两广总督。如此平步青云不能不让他激动,但说实话,这一切也不能完全消除他的忧虑,且每升一次,这种忧虑越发深重，不为别的，只为当时人们似乎人所共知的那道谶谕——两广总督府衙原本是大清的一个政治坟场。近十年来,说实话,叶名琛曾多次设想过自己的死法，好几次他甚至都做好了死的准备了——在他想来,如果真能如此一死,或许自己倒下的这个世人眼中的“政治坟场”,就不是坟场,而是民族英雄的圣地了。

一介书生，第一次带兵出征清远、英德，叶名琛就想到了死;以15000比20万的兵力悬殊守广州,事实上他已将生死置之度外;在英国人的开花弹将总督署炸成一片瓦砾时，他端坐燃烧着的大堂内,更是已经做好了死的准备……每遇战事，叶名琛总是出奇的镇定与冷静,而这种镇定与冷静的背后,除了他对于战局有自己的估算外,更有一种做好了死的准备;然而当时属下没有人能理解这一切,他们将他的这种镇静和不怕死非但不是看作了是一种勇敢,反而看作是一种无知;可是要知道,一个人就是再无知,他也“知”人命只有一条呵!

其实年轻气盛的叶名琛更希望能打破那道政治谶言!

因此,当“无畏号”渐渐驰离黄埔港时,叶名琛望着广州渐渐消失在视野里,也曾百感交集,他知道,此一离去或许便再也回不来了,自己初来这座城市时的种种情节不禁历历在目,如在昨日……

叶名琛曾设想过多种自己不曾死在这一坟场中,而是活着离开广州的方式和情形,如像琦善、耆英那样被"内召"离去,甚至连林则徐那样的被撤职充军而离去也曾想过,只是真没有想过会是眼前的情景:被英人俘虏而离去。

——这真是奇耻而大辱呵!

现在,当他站在英国"无畏号"军舰上,眼看着广州消失在自己的视野里时,他相信了,真的相信这两广总督署原本就是一座政治的坟场,这广州原本就是一座最诡异的城市!

然而,叶名琛不肯也不能就此倒下,他要做最后的努力。

叶名琛清楚地记得,早年读韩退之《张中丞传后叙》曾被深深震撼。南齐名将张巡、南霁云兵败面临被俘,张巡在自杀殉节前向南霁云高呼:"南八,男儿死耳,不可为不义屈!"云笑曰:"欲将以有为也……"叶名琛只是真没想到,自己真有一天竟然也落到面临这种抉择的地步。

叶名琛的"将以有为",自然是去面见英国女王。

然而,谁知道这"无畏号"在香港一停就是48天,现在它终于又启航了!叶名琛躺在床上,听着舱外哗哗的水声越来越响,确认舰已启航。他从床上起身,以最快的速度梳洗完毕。他要去找舰长,确认舰的航向。

随行的仆人送来了早餐,叶名琛立即吃了起来。早餐是一碗稀饭、一碟小菜、一个鸡蛋和两块蒸糕。鸡蛋是家人从广州送来的,仆人、厨子和其他食品都是他在登舰时就从广州带过来的。为此他倒有点对英国人的"大度"刮目相看,甚至可以说心生几分感激,毕竟他们是如此给足了他这个曾经的封疆大吏的面子,没把他当作一般战俘对待,在登舰来香港时他就被告知允许自带仆人、厨师及一定量的食品;从被俘到现在,英国人确实只是对他的自由进行了限制,但一直不曾给他用过什么刑具和有过什么体罚;平日里他不但可以读书写字,可以作书画遣兴,还可以接受家人的看望及其所带来的食物;甚至,他初来香港时,英国人竟然还在报上登了一条消息,大体上意思是:中国叶相来港,欢迎各界人士前来看望——他在被俘时除了任两广总督外,还兼任内阁大学士和主办外交事务的钦差大臣,这一职务实际上相当于英人的外相,因此英国人就称他为“中国宰相”了——一时中外许多好奇者争相来一睹他这个“中国宰相”的“风采”,弄得“无畏号”上一时好不热闹,也弄得他虽万分尴尬,但倒也冲淡了他许多落寞与寡欢;尤其难得的是,英国人还允许他让仆人上岸去买报,为了让他看报方便竟然还给他配了一名翻译……叶名琛今天的胃口似乎好了许多,只两口就喝完了一碗稀饭,立在一旁的仆人见状,便去给他又添了一碗来,当他从仆人手中接过添来的这碗稀饭时,在与仆人短暂的对视中竟然露出了一丝不易觉察的微笑。

此时,英军赫尔博特中校带着翻译阿查理和摄影师走进舱来,叶名琛知道这又是要给他照相来了,因为自从他被带上“无畏号”后,这个赫尔博特每天都要来看望他两次,每周都要让摄影师给他照一次相,据说是上面规定他这样做的,并且每周他还要写一个包括叶名琛健康状况、情绪表现和起居情况等内容的详细报告送上去。看到赫尔博特一行进来,眼下叶名琛想急于知道的是“无畏号”此航的方向是不是英国。于是他主动通过翻译阿查理向赫尔博特中校进行了询问。

赫尔博特中校告诉叶名琛,此航目的地是印度的加尔各答。叶名琛又追问,此后会不会去英国?赫尔博特耸耸肩,将两手一摊。没等阿查理翻译,叶名琛已明白,那是赫尔博特自己也不知道的事情了。

叶名琛有几分失望,也有几分希望地将手中的碗筷放下,又配合着摄影师照完了相,然后走出舱来到甲板之上,他要最后看一眼即将远去的祖国。当他手握冰冷的栏杆隔着舰尾不断涌起的海水,看着香港渐渐消失在海天相接处时,一滴泪水流下了他的脸颊,滴入了大海……

1858年3月12号，“无畏号”经过断断续续的近二十天的航行，终于低达了印度的加尔各答，途中叶名琛虽因海晕而呕吐不止，但只要有英人当面，他总是正襟危坐，不哼一声，想来他如此只是为了不失大清国封疆大吏的体统吧！

三天后叶名琛便被安排登岸了。那是一个星期一，一早叶名琛便穿戴整齐，七点钟准时用过早餐，在赫尔博特中校的引导下，他戴好朝冠走出舰舱走上甲板，然后向在场的人们逐一鞠躬致意，然后面带微笑仪表堂堂地走下接他的小艇，登上岸去。

这是三个多月来叶名琛第一次登上陆地，脚下似乎平稳与实在多了，当然他知道，此时脚下的这陆地已不再是祖国的。囚禁他的居所是一座古炮台，英人称之“威廉炮台”，但是他分明觉得，这座威廉炮台倒酷似广州的镇海楼，就因为这一点，他似乎倒有点喜欢这座囚禁自己的炮台了。

英国人照例在叶名琛到达加尔各答的当天，登报将这一消息发布

今日印度加尔各答

了出去。因为叶名琛是他们一个最大的战利品，岂能不一路展览！

自然，叶名琛住进威廉炮台的当天，就来了许多看热闹与稀奇的当地人，其中也不乏当地华侨。为了保持大清朝封疆大吏的体统，叶名琛自然是每天官服巍峨、正襟危坐地与一拨又一拨的各色来客谈笑风生；至于他内心一直在流泪，在滴血，那是他不会让每一个来客觉察到的。

就是在这样的情形下，竟有华侨提出让他吟诗作书。这大概是他们听信了英人的宣传，觉得一个“宰相”无论如何也算得上是个大人物了，而在中国传统中，只要是名人字画，无论如何都是有价值的，或许将来可以卖几个钱哩。诗为心声，书为心画！又如西谚云：悲愤出诗人。正是带着满腔的悲愤，早年就“以诗文鸣于一时”，可后作诗甚少的叶名琛，此时竟然诗兴大发起来，他将囚禁他的威廉炮台当作了广州的镇海楼，吟成七律一首，并书赠一客：

镇海楼头月色寒，将星翻作客星单。
纵云一范军中有[①]，怎奈诸君壁上看。
向戎何必求免死[②]，苏卿无恙劝加餐。[③]
任他日把丹青绘，恨态愁容下笔难。

在这首诗中，除却首联与尾联的自恋、自怨与自艾外，颈联和颔联，叶名琛第一次自我总结了他战败的原因：“纵云一范军中有，怎奈诸君壁上看”；也第一次较为明确地披露了他之所以不死而愿被俘的

---

① 一范，即北宋范仲淹，他不仅心忧天下，而且戍边时也是令敌人胆战心惊之英雄。

② 向戎，即宋国的大夫，他在公元前546年发动弭兵运动，亲自劝说晋、楚、齐等13国在宋国首都开会。他此次谋求和平的努力，导致其后列国间十多年没有战争，主要大国之间40年没有战争。叶名琛自比向戎，是要说明自己不死而随英人走的目的。

③ 苏卿，即汉朝时的苏武，这里叶名琛以苏武的自喻也是此种目的。诗中所效仿的人物，都是中国历史上具有民族气节的名人。

原因:“向戎何必求免死,苏卿无恙劝加餐。”

叶名琛将诗写完,众看客都呼好诗好字,在众人的鼓掌声中,叶名琛开始落款。此时立在一旁的贴身仆人轻轻扯了一下他的衣襟,叶名琛立即明白了仆人的提醒:自从登上“无畏号”成了一名战俘后,叶名琛为了维护大清的荣誉,便既不再承认自己的身份,更不在任何一纸上自署自己名字。可是在中国传统书画作品中,任凭一件作品写得再好,如果没有署名那也是不完整的,其艺术价值、文物价值甚至市场价值都得大打折扣。此时叶名琛停下笔,并将笔提在手上略一思考,最终在落款署名处写下了“海上苏武”四字。并从此后,每有人让他作书画,他都以“海上苏武”落款。

然而叶名琛哪里知道,此时他身后的大清朝实在不是当年的大汉朝!

苏武虽然被匈奴扣留十九年,并一直谎称说他已经死了,但汉朝政府一直不相信,并从来都没有中断过对他的营救,这才使得十九年后苏武虽然须发皆白,但总算全身回到了汉朝。然而,清政府对于叶名琛从来就不曾采取过任何营救措施,哪怕在例行的交换战俘时能想起还有一个叶名琛也不曾有过。相反,事实上是,咸丰帝在得知叶名琛被俘之后,很快便发布了将叶名琛革职的圣旨。

此时,叶名琛及其身后的大清与英、法,如同一则寓言故事里的狼与小羊一般,最后小羊被狼吃掉了,但还要指责小羊“大负责任”,因而也就“罪无可辞”;第二,因为害怕敌人会以叶名琛做人质要挟清朝政府,清政府不但抢先罢免了他的一切职务,而且还给他安上了一系列的罪名,并与此同时要两江总督府通知英方说,叶名琛现在已成为一介草民和罪人了,其生死皆与清政府无任何关系了。此时的叶名琛,已从大清国的一员干臣,一下子成了一堆垃圾、一堆为人所不齿的臭狗屎,只是可怜叶名琛还在梦想着要为大清国做“海上苏武”。

注定叶名琛做不成苏武的原因,还在于日不落帝国的大英帝国也绝不是当年的匈奴可同日而语的。

清政府将叶名琛矮化为一堆垃圾和一堆人所不齿的臭狗屎，其实正中了侵略者的下怀，因为他们也正巴不得搞臭叶名琛，以断了广州人期待和拥戴他的念头；要知道，他们在攻下广州后，最要紧的事情自然是尽快建立和巩固他们的殖民统治，而眼下最要紧的莫过于防止对手反攻，巩固战争成果，稳定社会秩序，以便更好地掠夺他们需要的一切。

1858 年 1 月，英、法联军在劫掠叶名琛的督署之时，“缴获”了装有耆英、徐广缙和叶名琛等任职时在广州办理“夷务”的许多奏折、谕旨和皇帝对外交条约的批复原件等，这些东西被装在一只只所谓的“黄匣”中。正是这一切，不但使英法侵略者洞悉了清朝在“夷务”方面的大体政策，也让他们了解了谁是真正难以对付的对手——在他们看来，叶名琛算一个。

1858 年 1 月末，额尔金在写给葛罗的一封信中，不无忧虑地写道：“不少人对我谈及一个不能掉以轻心的问题，他们都说，叶留在广州会使人心不稳，给重新恢复秩序和信心带来困难……显然，把他送到海峡殖民地去是不行的，因为这些地区大多数居民都是中国人。”

由此我们不难看出两点，一是英国人认为叶名琛虽然被捕，但仍具有“危险性”，似乎是一颗定时炸弹；二是英国人为什么要将叶名琛关押至加尔各答，因为怕他被中国人劫去，以他为旗帜，组织力量再次与他们决战——在这方面英国人是有过教训的——拿破仑在 1814 年首次被俘后，英军曾把拿破仑关押在地中海的厄尔巴岛上，但在 1815 年 3 月，拿破仑没费多大工夫就逃离了该岛回到法国，并一路应者云集，不到几天便集结大军几十万卷土重来。英国人把叶名琛当作了东方的拿破仑了。由此我们今天倒不难看出叶名琛在广东无论是政府中还是民众中，都曾有过较高的威望，这也反过来证明，他执政期间并不真的是一个窝囊废。

然而，中国不是法国，这便注定了叶名琛既不会成为拿破仑，也不可能成为拿破仑！更注定了可怜叶名琛，一直做着的那个要去英国“以口舌动”女王从而成为“海上苏武”的美梦注定只能是黄粱一梦！

当然，英、法联军完全可以杀了叶名琛，但这样便意味着他们自己戳穿了自己在广州建立殖民统治时许下的种种谎言，说不定会再次激起广州人甚至整个粤人的反抗，这也是他们所不愿意的。因此，叶名琛只能来到加尔各答，那是他最好的去处。

在加尔各答，叶名琛每天都起得极早，起来后要么是久久呆坐似略有所思，要么是心神不宁似有所待，直到收到当日的《加尔各答英国人报》后才安静下来。他让阿查理几乎将每一条与中国或英国有关的消息都翻译着读给他听，有时阿查理都译读得厌烦了，故意问他：“我读得让您厌烦了吗？”意在找个台阶下去好就此打住，但叶名琛似乎永远都只会回答：“不，你继续下去吧！”有时得到一点对中国略微有利的消息，他会为此而表现得兴奋不已，如他得知巴麦尊勋爵下台了，他整天板着的脸上竟出现了明显的笑容；又当得知德比爵士主张迅速与中国议和，他竟然笑得合不拢嘴。当然也有一些对中国不利的消息，如英、法已在广州建立了一个十足的殖民政权，这让他闷闷不乐许久。另外他这段时间里，还对英国的宪法和君主立宪制度产生了浓厚的兴趣，并在多次求得阿查理对此进行过一些简单的讲解后说：“我现在明白了许多，比以前在香港时了解到的要明白许多，那时我真是一点也不懂呵！”

终于有一天，阿查理或许真的太厌烦了，忽然就不再来为叶名琛读报了，负责看管他的赫尔博特中校也不再来了，摄影师也不再来为他照相了，甚至连来看热闹和稀奇的人也不再有了，人们似乎已经忘记他了。此时他也从威廉炮台被转移到了托里贡大理恩寺。

1859年4月1日，潘恩医生来为叶名琛做体检，仆人告诉潘恩，说大人这几天似乎胃口不太好，吃得比以前少了，然而体检后，潘恩说叶名琛身体并无大碍，只是肝功能有点问题，但也是普通症状。第二天，也就是 1859 年 4 月 2 日，仆人来向叶名琛报告说，带来的粮食已经吃光，问他是不是去当地买一点补充。叶名琛长叹一口气说：“罪臣辜负皇恩，死不瞑目呵！”然后对身旁的仆人说：“看来这海上苏武我是做不成了，我只能做大清国的伯夷、叔齐了！”伯夷和叔齐原是商朝名臣，传说商亡后，他们因不食周粟而饿死于首阳山。果真从当天开始，叶名琛拒绝进食。

三天后，仆人看到叶名琛身体已非常虚弱，将一碗米粥端到他的床前劝他喝一口，当然并骗他说，这做粥的米还是以前从家里带来的，他摇了摇头，翻身似想起什么来的样子，仆人以为他同意喝粥了，忙将他扶起，他坐起后说：“拿笔来！”仆人赶紧拿过文房四宝，但他们以为叶名琛这或许是要留下遗嘱。只见叶名琛提笔沉思良久，然后在纸上一气呵成，留下绝笔：

零丁洋泊叹无家①，雁札犹传节度衔。

海外难寻高士粟②，斗边远泛使臣槎③。

心惊跃虎笳声急，望断慈乌日影斜。

惟有春光依旧反，隔墙红遍木棉花。

又三天后，即 1859 年 4 月 10 日上午，已处于半昏迷状态中的叶名琛微微睁开了双眼，似乎清醒了过来。仆人见此立即将一碗早就准备在一旁的米汤端了过来，试图再劝他喝下一两口，但叶名琛见此仍双唇紧闭着摇了摇头。在场仆人见此，无一不泪如雨下，一人长叹一声说：“为人所误，何必如此呵！”就在此时，没想到叶名琛突然坐起，双目

---

① 零丁洋之叹，以南宋文天祥自喻，符合以上向戎、苏武的典故。

② 高士之粟，说的是商末伯夷、叔齐兄弟俩，周朝灭商后，不食周粟而亡。

③ 使臣之槎，是[illegible]的使臣。

威廉炮台

圆睁，大呼一声："我误朝廷，有负圣恩！"说完重重地倒在了床上，再也没有起来，那圆睁着的双目也一直没有闭上……

只是此时，叶名琛至死觉得有负于他的清廷和皇帝，早已发布了这样的一份圣谕：

> 叶名琛办事乖谬，罪无可辞，惟该夷拉赴夷船，意图挟制，必将肆其要求。该将军署督等可声言：叶名琛业经革职，无足轻重。使该夷无可要挟，自知留之无益。……着即传谕各绅民，纠集团练数万人，讨其背约攻城之罪，将该夷逐出省城。倘该夷敢于抗拒，我兵勇即可痛加剿洗，勿因叶名琛在彼，致存投鼠忌器之心。该督已辱国殃民，生不如死，无足顾惜。[①]

呜呼！哀哉！

就这样，叶名琛死了，死在被囚地印度的加尔各答。后来，英国人在将叶名琛的尸体交还中方时，同时出具的文件上，给他定下的死亡

---

① 见《清史稿》(卷三百九十四)。

原因是："病死"。

第一次鸦片战争中，当沙角炮台被英军攻陷后，三江副将陈连升以身殉国，他的战马落入了敌手，而此马竟绝食而死，人们称这匹马为"节马"，时人有诗云：

逆夷牵向香港中，悲嘶首北难朝东。
抚摩叫跳跨摇堕，侧目疾视仇雠同。
贞操耻食夷人粟，只受吾华刍一束。
忍饥忍痛骨如柴，山下采薇犹自辱。

今天的广东虎门的虎门销烟纪念馆中，至今还立有一块"节马碑"，上面刻着的就是这匹马的形象和这首诗。然而同样是落入敌人绝食而死的叶名琛，在后世人们的评价中，事实上他还不如一匹马。

然而，叶名琛真的"饿死不如一匹马"吗？

叶名琛饿死了，他是两次鸦片战争中中方死去的级别最高的封疆大吏，且他又是以这种方式而死的，这从某种意义上说是一个标志，标志着一种无奈、失败和灭亡，当然也标志着一个时代的结束，即那个自闭而又自给、自足而又自恋、自尊而又自负的时代从此落花流水，一去

威廉炮台全景

第二次鸦片战争后，英、法联军强占九龙作军队驻扎地。

不返；中国社会从此进入了另一个时代：那是一个依稀看见光明的时代，可又是一个最为黑暗重重的时代；那是一个大有希望的时代，可事实上又是一个让人大所失望的时代；那是一个发愤图强的时代，可又是一个腐朽堕落之极的时代；那是一个最为坚贞不屈的时代，可又是一个最让人疑虑重重的时代；那是一个上下求索的时代，可又是一个争相卖国求荣的时代……总之，那是一个最美好的时代，可也是一个最糟糕的时代。从此以后的中国，像一条航行在茫茫大海上的巨轮，将更加的航程诡异，更加的风雨飘摇，更加的前途未卜。只是这一切叶名琛是再也看不到了，尽管他或许是第一个真正开始了解西方，并走向近代的清朝大吏，但他已没有机会将他所看到的一切、听到的一切和感受到的一切带回国内，甚至写成奏折递给朝廷了，甚至连他的灵魂也只能在外邦和异域的天空游荡，中国不属于他了，因为这个世界已与他无关；只是后来的人们，有时还会想起他，特别会在一些特殊的历史关头，有一些人还会想起那个叫叶名琛的人曾经的所作所为，想从他的身上得到一些经验，一些启发，甚至是一些教训。

第九章
惹火烧国 一声叹息

英、法联军完全占领了广州，但实际上只实现了他们“入城”、“修约”两项战略目标中的其中一项，当然不肯就此罢休。不久联军舰队开始北上，其战略意图十分明显，就是迫使清政府答应所谓“修约”，或干脆再订新的不平等条约，以获取更多的在华利益，进一步将中国殖民地化。

1858 年 2 月，英、法联军舰队到达上海，此时美、俄两国也参与了进来，于是四国公使联名起草照会，并托两江总督何桂清转送大学士裕诚致达清廷——此似乎是四年前包令等英、法、美三国公使的翻版，只是此时对于他们来说，叶名琛这块又臭又硬的石头已被搬去了，他们已不再担心还有人能与咸丰皇帝再演双簧将他们骗得团团转了。

四国公使的联合照会竟然是用中文书写的，写得佶屈不畅，这里只引其中部分：

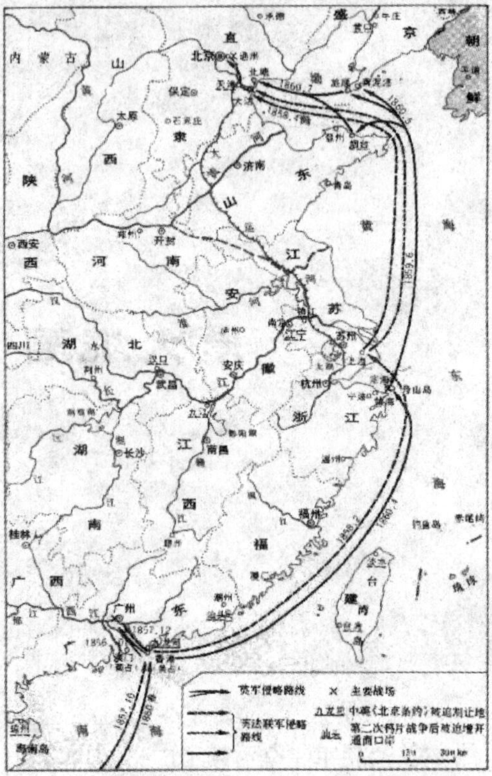

第二次鸦片战争中英、法联军进军图。

……其际，我两国大臣等前赴上海，候戊午年（1858年）二月十七日以前，希有得奉贵国钦差大臣南来，方将征此应行商榷各节，会晤核定。惟本大臣所受敕旨，不但应讨英民受损赔偿，及因军务皆由叶大臣固执坚持所致，军需经费，亦应偿付。此两节外，尚奉大英君主特授全权，准以各式和约章程，代为商定，俾免日后复生，有碍和好……总之，幸有贵国特派大臣，可依期内到沪，商订良法，转敦我两国之和好。候大佛、大清两国亦得完竣，方令在粤城驻扎之军民撤退。倘无……和议，亦勿待明言，乖和举兵。

此照会中除了向清廷提出要求和发出威胁外，还明确指出了此前战争及其后果“皆由叶大臣固执坚持所致”——真是太有意味了——正与此前咸丰圣谕上对叶名琛“刚愎自用，办理乖谬”的评价不约而同、高度一致。

咸丰接到四国照会，自然想故伎重演，遂以大清国内阁大学士只参与内政，不参与外交的惯例为由，拒不派大学士前去与各国和谈，而是令大学士裕诚传旨两江总督何桂清，并转达四国公使：“俄国应向黑龙江办事大臣交涉，英、法、美应往广东听候两广总督办理，钦差向无赴上海督办之事。人臣无外交之义，亦未便自给该国照会也。”①

此时四国公使正齐聚上海等着清廷派钦差大臣来和谈哩，没想到等来这么一个消息。当然这既出乎他们意料外，又似乎也在他们意料之中。因为四年前咸丰皇帝便是这样，与叶名琛一出唱双簧便将包令耍得团团转。可这一次他们已做好了一切准备，决不会再上这个当了。

1858年3月，英、法、美、俄以军舰二十艘组成了一个庞大的舰队，由上海北上，直扑天津。

1858年4月，英、法、美、俄等国军舰陆续北上来到天津大沽口。

5月20日上午8时，英、法联军照会清政府，限令清军在两小时内交出大沽炮台。清政府不予理会。两小时后，英、法联军悍然向大沽炮台发动猛烈攻击并于当天攻占大沽口。

26日，英法联军到达天津城外，此时，咸丰皇帝已顾不得“大学士只参与内政，不参与外交”的惯例了，于29日派大学士桂良等，到天

中国军民阻击英、法联军，血战大沽口的情景。

① 萧一山《清代通史》(三)第371页。

津，与英、法等国代表谈判，并于6月26日和27日分别与侵略各国签订丧权辱国的《天津条约》。

然而，这已不是侵略者此时的目的了。

1860年春，英、法军舰再次大量集结，并于7月底再次兵临大沽口。随即便以到北京换约为借口，公然再次扩大侵略战争。

大沽口炮台英军突入处

大沽口炮台内侧

8月1日，英、法联军攻占北塘。

14日攻占塘沽。

21日再次攻占大沽。

24日进入天津，并逼近北京。

9月18日，英、法联军攻陷张家湾和通州。

21日攻下八里桥。

22日清晨，咸丰皇帝逃离北京，逃到河北承德避暑山庄。

10月5日，英、法联军兵临北京城下。

这期间，有着“大清第一劲旅”之称的八旗骑兵，在僧格林沁的率领下曾试图阻击，但一触即溃。清军骑兵在英、法联军的一排排枪声中一队队落马；又一队队冲上来，又一队队落马，以至于连侵略者自己也为此而深感震惊，觉得这已不是在战争，而只是屠杀。

1860年10月6日，英、法联军绕经北京城东北郊直扑圆明园，随后将圆明园洗劫一空，并制造了震惊中外的“火烧圆明园”事件。而侵略者向外宣称，他们只是“烧毁了皇帝居住的地方而已”。

然而对于中国人来说，这圆明园可是中国历史文化遗产的一部分，它承载着我们民族极为丰富的文化信息，也承载着我们民族太多的梦想和追求；当然，对于清廷和咸丰皇帝来说，圆明园还是面子与尊严。

现在圆明园竟然就这么让侵略者一把火烧了，这无异于烧了我们国家。大家在痛恨侵略者的同时，都会自然而然地想到这把邪恶的大火的来历，也都会想到“亚罗号事件”，想到了叶名琛，至少是咸丰皇帝只会想到叶名琛的种种不是，而决不会想到自己有什么过失的——

那艘倒霉的“亚罗号”叶名琛如果不去惹它，且睁只眼闭只眼，英国人不是找不到借口了吗？

“亚罗号事件”既已爆发，叶名琛如果能与英国人周旋得再聪明些、更智慧些，至少不那么强硬、愚蠢，或许不就不会有战争的爆发了吗？

英国人不就是要进城吗，你让他进就是了！更何况《南京条约》上都订好了的，你不让人家进来，不是你失理吗？

……

至于在这一过程中，皇帝都干了些什么，人们哪里知道？更何况皇帝永远都正确，犯错的只会是臣子！请再看一看咸丰皇帝对叶名琛的那道革职圣旨：

> 叶名琛以钦差大臣办理夷务，如该夷等非礼妄求，不能允准，自当设法开导，一面会同将军巡抚等妥筹抚驭之方。乃该夷两次投递将军督抚副都统等照会，并不会商办理，即照会中情节亦秘不宣示，迁延日久，以致夷人忿激，突入省城，实属刚愎自用，办理乖谬，大负委任，着叶名琛革职！[①]

① 转引自萧一山《清代通史》(三)第370页。

事已至此，再退一万步说，皇帝就是犯了天大的错，那也得臣子帮他扛着呵！所以，就算咸丰皇帝在这一过程中有过错，那也只能由叶名琛来扛了！此时，叶名琛成了最好的替罪羊，自然而然便成了"惹火烧国"的罪魁祸首！更何况此时的叶名琛已经死了，他连为自己辩解的机会也没有了！

死了的叶名琛倒回到了广州。

1859年春天，广州的天气有点异常，三月天里，太阳似乎就与盛夏无异了，整个城市被烤得仿佛成了一座烧透了的砖窑，让人感到热而憋闷。战事虽已过去一年了，但当初那些死于战争中的人，尸首没能及时找到并掩埋的，一年后它们还在那些看不见的阴沟暗道里不时散发出恶息。因此，如果用一个字形容当时的广州城，那就是"臭"。城外的黄埔港也可用一个字形容，那就是"乱"。各种大小不同的船只，横七竖八地挤在一起，挤得码头下面连水也看不见；码头上的各种货箱，东一堆西一堆，毫无章法地堆放着；那些搬运货物的人们与那些货物堆相比，就像一只只小小的蚂蚁，这些蚂蚁又互相拥挤着，推搡着，吆喝着……

一条挂着"米"字旗的军舰悄悄地驶进了港口，随着它汽笛的一声鸣叫，所有的蚂蚁一阵骚动，随即码头下的船们很快就让出了一条水道，沿着这条窄窄的水道，军舰慢慢靠向了码头，码头上的人们也让出

鸦片战争前广州港，岸上建筑为各国商馆

第二次鸦片战争后的广州港

了一处空地儿。

一队英军从军舰上下到了码头上的这块空处,与早已等待在那儿的几个身穿着与气温极不协调的长袍马褂的人交涉一番后,向军舰上挥了挥手,几个被广州人称为"红头阿四"的印度军警从舰上抬下了一口棺材。

说是棺材,与中国常见的棺材却大不相同,说它是一个盒子——一个装人的盒子倒更确切些,因为一看它的外形,竟然与洋人放置提琴的盒子无异,只是大了一些,且外面包了一层铁皮,总之它绝没有棺材应有的庄重与大气。那些立在码头上的长袍马褂,一见此物不禁大吃一惊,他们似乎看到了一个怪物。

还没等长袍马褂们清醒过来,红头阿四已将棺材放在码头的地上了,英军更是早登上了他们的军舰……

棺中之人是谁?不是别人,正是叶名琛。对此,正史中是这样记载的:

名琛既被虏,英人挟至印度孟加拉,居之镇海楼上。犹时作书画,自署曰"海上苏武",赋诗见志,日诵吕祖经不辍。九年,卒,乃归其尸[1]。

现在,叶名琛终于回到了祖国,但是却躺在这样一具奇怪的棺木中。负责接收的是清朝的广东地方政府,但此时的政府已不是总督署、省府,而是由巴夏礼、哈啰威、修莱等与伯贵一起联合组成的广州"治安委员会"和广东巡抚衙门的人。

而这"治安委员会"和此时的广东巡抚衙门,事实上是一个政治怪物。

一年前,有着大清国"二号人物"之称的叶名琛被俘后,照理说,朝廷应该立即设法营救;即使是普通的士兵被俘,最终也要通过交换俘虏等方式加以营救的。然而,从叶名琛被俘到绝食而死,清廷不但不曾有过任何营救叶名琛的措施,反于1858年1月,发布了一份意味深长的圣谕:

> 叶名琛办事乖谬,罪无可辞,惟该夷拉赴夷船,意图挟制,必将肆其要求。该将军署督等可声言:叶名琛业经革职,无足轻重。使该夷无可要挟,自知留之无益。……著即传谕各绅民,纠集团练数万人,讨其背约攻城之罪,将该夷逐出省城。倘该夷敢于抗拒,我兵勇即可痛加剿洗,勿因叶名琛在彼,致存投鼠忌器之心。该督已辱国殃民,生不如死,无足顾惜。

我这里之所以再次将这道圣旨不厌其烦的照抄,就是要让读者再细细地看一看,这样的一道圣旨,即使今天读来,是怎样的让人心寒呵?——因为害怕敌人以叶名琛做人质要挟清朝政府,清政府不但做先罢免了他的一切职务,而且还给他安上了一系列的罪名,并事实上

① 见《清史稿》(卷三百九十四)。

还与此同时干了一件事，即要两江总督府通知英方说，叶名琛现在已成为一介草民和罪人了，其生死皆与清政府无任何关系了。此目的明眼人一看便知只有一个，那就是让对方觉得留着没什么用了。这不能不让人们想到楚汉相争时的一个小故事：项羽将刘邦的父亲捉来要挟刘邦时，刘邦说过的一段尽显其流氓无赖嘴脸的话："吾翁即若翁，若必烹尔翁，辄幸分我一杯羹。"不仅如此，圣旨上还明明白白地写着，要清军与团勇在与英军作战时，不要因顾及叶名琛，不要因为叶名琛在他们手上而有投鼠忌器之忧，因为他已变成了一堆垃圾了，尽可"无足顾惜"。这一切，让我们将清廷比之当年的刘邦，其流氓无赖之程度实在是有过之而无不及。

最有讽刺意味的是，清廷以对叶名琛革职的同时，还任命伯贵接替叶名琛接任两广总督，而此时的伯贵，事实上早已投降成了一个十足的汉奸——上一章已经提到。

此时，伯贵他不但擅自接受了英法侵略者提出的由巴夏礼、哈罗威、修莱等组成广州"治安委员会"的无理要求，而且允许其凌驾于巡抚衙门之上——作为巡抚的伯贵，所有奏折均须由巴夏礼过目等批

广东巡抚伯贵（前着袍服者）和广州将军穆克德讷（后着袍服者）投降英法联军，并就任广州傀儡政府（这是中国近代史上第一个地方傀儡政权）官员。（该图为英国随军画师所绘制）

准，然后才能发往朝廷；甚至连皇上发来的谕旨，亦必须先由巴夏礼等截取过目后，伯贵才能收阅；衙署外把守卫士均由英、法士兵充当；衙门要发布所有告示，都要以与侵略者联合的名义发布；如，凡发生群众殴打洋人的事件，不管情节如何"定照叛逆治罪"……显而易见，此时伯贵为首的广东巡抚衙门实际上成为中国近代史上第一个地方傀儡政权，且这个政权竟然堂而皇之的存在了三年之久。此时，叶名琛的父亲叶志诜或许会想起叶名琛出世的那个夜晚自己所做过的那个梦吧——南方的天真的塌下了一块——对此他或许多的是痛心、耻辱和悔恨；当然还有对于儿子的牵挂、担心和懊恼。正是带着这些复杂的心情，叶志诜从广东回到了老家，回到了"叶开泰"。叶志诜并不知道，此时的广州人竟也将这"天塌了一块"的责任很大一部分也算到了他这个两广总督太尊头上，并为此而编了一副对仗十分工整、语气不失幽默的对联：

霜降风高，天下难容老叶；

英、法联军抢掠圆明园

额尔金进北京

宵雨暗入,人间争怨初春。[①]

人们怨叶志诜什么呢?怨他靠扶乩为叶名琛做高参,决定军国战略。然而,有谁知道,这一切都是他的无奈之举呵!说实话,叶志诜对此也只是半信半疑;他也是翰林出身,也曾游学于思想开明、作风务实的翁方纲与刘墉门下,也曾精研商务财经,甚至对西洋的科学也曾有意涉猎。1853年正是在“红兵”包围广州的那些日子里,他还以两广总督太尊的身份,出资刊刻了欧洲人合信所著的《全体新论》一书的部分内容,并亲作跋语大力推介:“万灵备具,细验全身。中边分析,表里详陈。由形识性,似妄实真。图称创见,术逊仁人。”[②]如此事实证明叶志诜也并非完全是一个冥顽不化的腐儒,说都是因为他误了叶名琛,叶名琛才误了国,这对于叶志诜来说,显然是一种“不能承受之重”。或许叶志

① 叶志诜字初春。
② 《遐迩贯珍》咸丰四年正月第一号。

诜正是承受着这份“不能承受之重”吧，回到“叶开泰”不久他便忧愤而死，死在了叶名琛饿死之前。

或许真是“天高皇帝远”吧，实质汉奸的伯贵，竟然一时成了广州异常吃香、风光无限的人物。此时伯贵可谓身兼中外，一肩两职。想来在这段时间伯贵一定很是扬眉吐气！要知道，他似乎受叶名琛的气很久了。

伯贵，字雨田，蒙古正黄旗人。额哲忒氏。1819年(嘉庆二十四年)中举，曾任甘肃陇西，广东普宁、龙门、东莞等县知县，南雄直隶州知州，河南巡抚。1853年初，叶名琛升任两广总督，伯贵授广东巡抚。伯贵年长于叶名琛，但叶名琛此时正走红，头上的光环又如此之多，虽说按大清官制，巡抚并不是总督的属官，只是一个地方的两驾马车，但人们的思维定式，管两省的总督似乎总比管一省的巡抚要官大；再加上叶名琛为人又是一贯强势，所以，伯贵事实上似乎一直成了叶名琛的下属一般：朝廷给巡抚的圣谕，伯贵总要送一副本给叶名琛；给总督的，叶名琛一般都不送伯贵，除了一些具体内容也巡抚有关的。因此可以想见，虽说在叶名琛主政两广期间，督抚间的关系似乎表现得也很团结，但这种团结决不是当年叶名琛与徐广缙之间的那种团结，而是伯贵一直让着叶名琛。因此，当初伯贵之所以答应英、法联军参叶名琛，自然主要原因是屈于侵略者的淫威，但也不排除他由于受叶名琛气太久而想借此一泄私愤的因素。

叶名琛现在回来了，落在了伯贵们和巴夏礼们的手上，他再不能盛气凌人地让属下提心吊胆了，也再不能与皇帝表演双簧弄得敌手团团转了；相反他只能任曾经的下属与敌人们处置与发落了，甚至任他们打扮与评说了，他连开口辩解也彻底的不能了；更何况如上面所述，此时民众的声音也对叶名琛大为不利。

叶名琛的尸首运回广州后不久，近代著名外交家、思想家薛福成发表了一篇题为《书汉阳叶相广州之变》的文章，其中有这样几句话评价叶名琛的话：

> 不战不和不守，不死不降不走，相臣度量，疆臣抱负，古之所无，今亦罕有。

叶名琛在获得了“惹火烧国”的罪名后，又获得了一个“六不总督”的“美名”。

然而真是这样吗？

不错，战争爆发后，叶名琛事实上似乎始终遵循着所谓“六不”方针，即“不战不和不守，不死不降不走”，然后我们在指责他这一方针的同时，也要看到他背后实际上也有着太多的无奈！

他是“不战、不守”，但他的“不战、不守”不是不想战、不想守，是他拿什么战，拿什么守呀？手上一无兵、二无钱，三无粮；当然更不是他不敢“战”和“守”，就是攻击他的人，也不得不承认，叶名琛在战争过程中的沉着、冷静和勇敢的表现，以及最终视死如归的精神。有人可能还会说，叶名琛不是有过以一万五千人击败过二十万“红兵”的奇迹吗？你为什么不能再创造一次以少胜多的奇迹？但那现代化武装到牙齿的英军是那“红兵”能比的吗？说这样的话的人，我不知道他说这话时腰疼不疼？

太多无奈中，叶名琛或许真的也曾去扶乩寻求机会。这在我们今天看来实在是一种迷信行为，甚至他摆空城计，也是无知的、愚蠢的和可笑的，但或许这也并非什么十恶不赦，至少是我们不应该对此过多的指责，如同我们不应过多地指责林则徐因看到英军“正步走”后便从此认定英国人的腿都是直的而不能弯曲一样——我们能原谅林则徐的无知，为什么就不能原谅叶名琛的无知呢？

至于说叶名琛“不和”、“不死”，明显与事实不符。他也想尽办法求和，只是一次次不得；后来的事实证明，叶名琛的被俘而“不死”，也并

今日圆明园遗址

不是怕死而欲苟活——他最终不是死了吗？且他的死，不要说在他的时代，就是在整个中国历史上，又有几人能死得如此壮烈？

至于叶名琛的“不走、不降”也是事实，但“不走、不降”本身有什么错吗？难道“走”才对，“降”才好？不错，战争后期，连皇帝也“走”了，“走”出了北京，“走”出了圆明园，“走”到了避暑山庄，这才让英、法联军一把火烧了圆明园，相比之下，叶名琛的这“不走、不降”也的确显得有点迂腐和可笑。但是善良而正义的人们，这样的笑，一定会笑出眼泪，然后是长长的——

一声叹息。

2011 年 3 月 19 日第一稿

2011 年 3 月 25 日第二稿

2011 年 3 月 27 日定稿

【附录】

叶名琛年谱

年代	年龄	事件
1809 年	1 岁	12 月 21 日出生于湖北省汉阳县（今天武汉市蔡甸区）。取辈名，名琛，字昆臣。为叶志诜长子。 其父叶志诜，字东卿，曾官"内阁中书，洊升兵部郎中致仕"。其"学问渊博，尤肆力金石文字。尝从秦汉印数推求官制异同，足补《史》《汉》书所未逮"。著作很多，除《简学斋文集》《平安馆诗文集》外，多为金石考订的专著。收藏图书金石所编《平安馆藏器目上》，已收入《丛书集成初编》。 其祖叶继雯，号去素，少有才名，"早岁名噪江汉间"。1777 年考取拔贡，后任蕲水教谕等。1785 年蕲水大旱，其"变产三千金易米以赈灾，并施药槽，蕲人绘像杞之"。1790 年中进士，此后一直做京官，官到给事中。曾先后二十年什么　全典馆、玉牒馆纂修。他"绩学嗜古，守礼仁义"，"治经尤邃于三礼"，诗文"才气纵横，词华跌宕"，嘉庆帝多次赞赏他的学问"学有根柢"。一生著作有《读礼札记》《朱子外纪》《緺林馆诗文集》等。他还是一个孝子，1824 年"举孝行，旌表建坊，祀孝义祠"。 曾祖叶廷芳，为"溧水庠生"，于 18 世纪初从溧水迁至汉阳定居。
1816 年	7 岁	入家塾启蒙读书。"生而端静，不苟言笑，循家法维谨，读书目数行下"，善对能诗，与其弟叶名沣"以诗文鸣一时"。
1825 年	17 岁	乡试考取副榜贡生。"旋充武英殿校录，议叙教谕"。 任职武英殿期间结识一批朝中重臣，如卓秉恬、祁寯藻、文庆等。
1835 年	26 岁	中进士，此届会考同考官为倭仁，并从此而与倭仁有名义上的师生之谊。 改翰林院庶吉士，散馆授编修。此可看作是他日后飞黄腾达的真正起点。 任职翰林院期间，曾捐俸银一万两，修汉阳拦水堤，使水不为患；曾与同在翰林院任职的沔阳人陆建赢一起，发起鄂籍京官，捐资修复黄州城外之青云塔；曾捐俸银二万两，增加湖北乡试文武举人学额各二名，并从此成为惯例。
1838 年	29 岁	京察一等。外放陕西兴安知府。因能钳制"不法之徒"，得"能名"。

1839年	30岁	擢升雁平道。
1840年	31岁	调江西盐法道。
1842年	33岁	年初升云南按察使 年底擢升湖南布政使(因江西巡抚裕泰保奏他在江西时“防堵捐资出力”,得以“下部优叙”。
1843年	34岁	调江宁布政使,因原籍溧水属江宁,按例回避,改甘肃布政使。
1844年	35岁	1月,以丁母忧去职。从此居丧三年。
1846年	37岁	年初丁忧“服痊”,被任命为广东布政使。“旋命署顺天府尹,充武乡试校射大臣”,因“武举弓石力符”的事情,于是考试结束,被“下部议处”。11月始赴广东任职。
1847年	38岁	任布政使之初便与时任广东巡抚的徐广缙相识并定交。 是年春“黄竹歧”事件后,叶名琛上书道光皇帝,自称寻得了制夷良策,即“固不可失之操切,致启衅端;亦不可过于俯从,有损国体。”
1848年	39岁	是年夏,耆英“内召,徐广缙升两广总督,叶名琛接任广东巡抚,从此成了真正的封疆大吏。后来从有关文件中得知他与当时的军机大臣文庆、彭蕴章,部院大臣倭仁、卓秉恬等多有联系,成与祁寯藻关系尤为密切。 为父亲叶志诜于广州凤凰山下营建“长春仙馆”,交将其接来居于此。
1849年	40岁	协助徐广缙解决英国人制造的广州“入城之围”被道光皇帝封一等男爵。
1850年	41岁	带兵镇压粤北清远、英德天地会农民起义,并于年底前基本平定。为此咸丰皇帝下旨:“以剿办广东英德等处贼匪,地方肃清,加巡抚叶名琛太子少保”。
1851年	42岁	7月徐广缙率兵镇压高州凌十八起义,叶名琛为其坐镇广州,为徐广缙作后勤。 下令实行高度紧缩的财政政策,带头“捐纳”,为此而引起官员反对和朝廷误解,叶名琛让下属王汉桥通过朝中权臣祁寯藻一一化解。从此后叶名琛主政的两广成了清廷镇压太平天国的主要军饷来源地。 加封兵部尚书坐衔。
1852年	43岁	7月,接替徐广缙围攻凌十八起义军大营,于8月攻占,并杀死凌十八,将起义基本镇压下去。为此咸丰皇帝任命叶名琛为钦差大臣,署两广总督。其巡抚一职有伯贵接替。徐广缙被调去广西专事镇压太平军。
1853年	44岁	2月,叶名琛实授两广总督。不久又加封通商大臣、兵部尚书坐衔等。

		是年春，广东大水。 是年夏，广东爆发“红兵”起义，各路“红兵”很快席卷珠江三角洲，并包围广州。叶名琛下令成立战时“军需总局”，对广州进行“军管”。 7月8日，“红兵” 攻击广州主，叶名琛组织广州军民开始守城战。 8月6日，叶名琛亲自召见了广州与佛山之间的大沥、四堡等几个乡镇的乡绅代表刘炳垣、欧阳泉和何应春等，并且让军需处拨给他们大炮、枪支、弹药等一大批物资，要他们时时注意陈开的动向，随时阻击其对广州围城“红兵”的增援。 8月中旬，“红兵” 首领陈开率10万大军从佛山向广州进发，试图与李文茂的部“红兵”会合攻击广州。叶名琛下令大沥和四堡和乡勇、团练组织阻击，将陈开率领的10万“红兵”打得大败。 12月，“红兵”大师从水路攻击广州，叶名琛写信向包令求助。
1854年	45岁	16月25日，叶名琛下令组建了所谓的谳局，专门负责对大量被俘的“红兵”进行审判和执行等工作。 8月包令等求见，再提“入城”“修约”，叶名琛以“战事繁忙，无法脱身”为由一次推脱。 年底，叶名琛坚守广州成功。
1855年	46岁	是年春，“红兵”水师被叶名琛水师打败，“红兵”广州之围彻底解除。加封协办大学士、体仁阁大学士等。
1856年	47岁	10月8日，亚罗号事件爆发。 10月12日，英国驻广州领事巴夏礼将一封抗议书送到了叶名琛的总督署提出无理要求，叶名琛给以拒绝。 10月14日，巴夏礼与义律命令英国军舰掳去一艘他们认为是“中国水师船”的船只，逮捕了船上所有船员。不久叶名琛下令释放“亚罗号”十二名船员中的5名。 10月20日，英军开始沿珠江北上，只一天工夫即攻占包括虎门诸炮台在内的虎门至广州珠江沿岸炮台。 10月21日，巴夏礼竟然又向叶名琛发出了所谓“最后通牒”。 10月25日，英军攻陷广州城外的猎得与龟江炮台。 10月27日，英军大炮每五至十分钟炮击总督署轰击一次10月29日攻入广州。叶名琛组织广州军民与英军展开“游击战”，不断攻击和骚扰英国，还组织力量远赴香港向英军军营投毒。 10月26日，叶名琛曾下令关闭海关，停止所有外贸。

		11月叶名琛命令收复虎门炮台。
1857年	48岁	2月15日，在叶名琛组织军民开展的一系列小规模攻击和骚扰下，英军不得不撤离广州，叶名琛下令追击。 5月21日，派水师提督主动找包令沟通，并表示愿意举行和谈，但得到的包令回答是，坚决不与叶名琛作任何和谈。 7月24日，派出两名官员专程去香港找包令沟通，并明确表示和意，但此时包令已被英国政府解职了。 10月24日，派人找到额尔金，第三次表达希望停止战争，通过议和来解决双方争端的愿望，但额尔金盛气凌人，不理不睬。 12月12日，英、法组成联军，打着保护侨民的旗号重开战火，美、俄虽没直接加盟参战，但也在一旁鼓噪附和，并等着从中多少能坐收到一些渔利。叶名琛镇静自若主持乡试武举考试，并多次下令不作抵抗。 12月27日，英、法联军六千多人在广州城外登陆，并发出最后通牒：二十四小时之内进行攻城。 12月28日，英、法攻占珠海炮台，并炮击两广总督署，随之两广总督署成一片火海，叶名琛逃往粤华书院。 12月30日，英、法联军将领穆克德讷攻入广州西门，并摧毁城楼上守城大炮，同时发布告示，他们此战只追杀总督叶名琛一人，并不会杀害百姓。 12月31日，广东巡抚伯贵投降，并以答应向朝廷参奏叶名琛"惹火烧国"之种种"罪行"，且将折子稿起草后先送英、法联军过目再递交朝廷。英、法联军随即命伯贵筹建广州傀儡殖民政权——"治安委员会"。
1858年	49岁	1月2日夜，叶名琛转移至都统署圃一八角亭中。 1月4日，英、法联军大肆劫掠总督署中财物、档案等，并全城搜捕叶名琛。 1月5日，叶名琛为英法联军所俘，囚于英"无畏号"军舰，初泊香港。 2月23日，"无畏号"军舰载叶名琛驶离香港。（羁港48天） 3月12日晚，抵印度加尔各答，三天后叶名琛登岸。被囚于威廉炮台，五十多天后他作诗一首： 镇海楼头月色寒，将星翻作客星单。 纵云一范军中有，怎奈诸君壁上看。 向戍何必求免死，苏卿无恙劝加餐。

		任他日把丹青绘，恨态愁容下笔难。
1859年	50岁	4月10日，于印度加尔各答绝食七天后死去。弥留之际留下绝笔： 零丁洋泊叹无家，雁札犹传节度衙。 海外难寻高士粟，斗边远泛使臣槎。 心惊跃虎笳声急，望断慈乌日影斜。 惟有春光依旧反，隔墙红遍木棉花。

后记

南京中华门外六十里，有一个名叫叶家村的普通村庄，今属南京市的溧水县。村不大，约百户。村子的东面有一座小山，高虽不足百米，但山上树木丰茂，望上去倒也有模有样；著名的秦淮河从西边绕村而过，往来船只如梭；处于山水之间的这个小村子，远远望去美丽而宁静。

算起来是近三十多年前了，那是我第一次走进这个村子，当时我就觉得这个村子里似乎有一种特殊的气息。村里当时还没有那种如今在江南乡村常见的两层水泥小楼，民居多为老屋，粉墙黛瓦，村巷幽幽，那些村巷多用青石板铺就地面，而那些青石板早已被历史的脚步踏磨得又光又亮，人走在上面，似乎有一种走在历史深处的感觉。

就在那一次与一位老乡无意间攀谈中，一位老人叹息着告诉我："当年长江沿岸，大一点的水码头，哪一个没有我们村的生意呵？可如今，败落了！"

老人的话并非夸张。明、清两代，溧水人以善营中药业而名扬大江南北，在全国中药业的五块金字招牌（北京的同仁堂、杭州的胡庆余、武汉的叶开泰、苏州的雷允上、芜湖的张恒春）中，就有两块是属于溧水人的（叶开泰和张恒春）。而其中的"叶开泰"便是从这叶家村走出去的。

老人还告诉我，就是他们这个叶家还出过一个大人物，叫叶名琛。

对于叶名琛这个名字，我当时是既熟悉又陌生，熟悉的是在中学历史教科书中读到过他，知道他是第二次鸦片战争时的两广总督，似乎在历史上的名声并不太好；陌生的是除此之外我一无所知，也不知道他竟是"叶开泰"的子孙，更不知道这叶家村，说来也算是叶名琛家的世居之地。因此当时我就对眼前的这个小村子很是刮目相看；但是，要将眼前的这么个小村子，与一位权倾两广的总督大人相联系实在也有点难以想象。就是叶家村人，甚至叶氏本族本家人，对于这个曾在商场和官场都曾得意一时的叶家，对于叶名琛，他们已不记得多少了。

我由于特殊原因，每年至少都要去叶家村一两次，但至今从叶家老人的口中所知道的也只有两点：

"乖乖，那年清明节，叶家回乡祭祖，那船队停在秦淮河上，有一里多长哦！"

"那年，长江的水并不大，但叶名琛出世那天，叶家在江岸上的仓库，突然间向江里崩塌了七间——大人物出世，地动山摇呵！"

除此以外几乎一无所知。而年轻人，似乎多不愿提叶名琛，因为他们从中学的历史教科书中读到过，正是因为叶名琛的轻敌失防，才造成了在第二次鸦片战争中广州的陷落和中国的失败，他们不愿叶名琛与自己的村子有什么关系，甚至还有点恨他们的这个先辈，觉得他让他们叶氏受辱了。

我曾多次说过，我是很喜欢从一些民间传说和故事中去揣摩历史人物的，因为那样揣摩出的历史人物，甚至比写在历史中的要生动、完整和真实，但是对于叶名琛，在这上面多年来我一直劳而无功，这不能不逼得我只好一次一次走进近那些泛黄的史料。

二十多年前，我应邀为故乡编写一本地方史性质的书籍，有了一次集中走进有关叶名琛史料的机会。我从史料上看到叶名琛的一张照片，据说是一个英国人拍的。虽然它存世已百多年了，但竟然还十分清晰。照片上的叶名琛体态微胖，官服翎帽，似乎神情紧张地坐在一张高背椅子上，目光似乎有点怯怯地看着面前的地上，那翎帽戴在他头上似乎太重，压得他头虽然说不上低着，但绝没有昂起，所以一些常用来形容大人物端坐的词语，如气宇轩昂等，绝对不能用来形容这张照片上的叶名琛。总之，我的这个老乡看上去似乎是个老实人，所以我觉得《清史稿》中说他"性木"应该没有大错。就是这样一个人，实在让人很难相信，曾有"以诗文鸣一时"的才华，也有"镇压广东天地会起义，屠杀群众 10 余万人"的残忍，还有"不战、不和、不守，不死、不降、不走"的狡黠，及其"不食周粟，绝食身亡"的执拗。然而这一切几乎都是事实，叶名琛就是这样一个多义的人。而且随着我越走进历史深处，越觉得，叶名琛的多义其实是早就注定了的。也正是从那时起，我有了一个心愿，想写一写他那注定多义的人生。

的确，叶名琛的人生可谓是多义。

叶名琛，字昆臣，于清朝嘉庆十二年(1807 年)十一月生于湖北汉阳，原籍江苏溧水。虽生长于一医药巨商兼官宦世家，但叶名琛自幼勤奋好学，年少时便与其弟叶名沣"以诗文鸣一时"。道光十五年(1835 年)中进士，不久即授陕西兴安知府，开始官宦生涯。此后直至道光二十八年(1847)的 12 年间，他先后更替官职 8 次，平均一年多一点就升一次，这实在有点令人眼花缭乱，他做过的这些官职，到底是干什么或管什么的，我实在搞不清楚，也没兴趣去搞清楚，所以在此也不必将它们一一列出了，同时我也相信读者也与我一样，只需要知道他官是越做越大就行了；同时也由此明白两点：一是叶名琛还是很懂得为官之道的，二是他在那些官位上，一定不乏政绩，至少是没出什么纰漏，否则是不可能获得上司和朝廷如此青睐的。

然而这些还并不能使叶名琛成为一个多义人物。

1847年初，道光皇帝发出了一道圣旨，任命叶名琛为广东巡抚。

对于大清来说，这只是一道普通的圣旨，说它普通，是因为像这样任命，在大清朝历史上有过成百上千次；但对于叶名琛来说，这实在不是一项普通的任命——并不是因为他从此将走上仕途的巅峰，年仅三十多岁就成为真正的封疆大吏，而是从此注定了他的人生将走向复杂，他的生命将注定多义。

第一次鸦片战争后，清政府被迫与英国签订了不平等条约《南京条约》，其中最重要的一款便是所谓的"五口通商"，也就是将中国沿海的五座大城市确定为"通商口岸"，允许英国人自由进入其中进行所谓的"自由贸易"，并设立领事馆，广州便是首当其冲的一座。但是恰恰就是这座广州，在条约签订后的数年内，英人一直不能进入，原因是在广州郊区发生所谓"三元里抗英"后，是广东民众与英人异常对立，民众"合词请于大府，毋许英人入城"。因此，事实上英国人不但没能在广州设立领事馆，连商船也根本进入不了广州。为此英国多次与清政府交涉，要求践约，但一直未果。也正是因此，当时的广州无异成了一个随时可能再次引爆战争的火药桶。而就在这个节骨眼儿上，叶名琛出任这个广东巡抚（后又授两广总督、通商大臣），命运可想而知，一不小心便会炸个粉身碎骨！

——叶名琛当然不想这样！

从前任身上总结一些成功的经验与失败的教训，这是叶名琛上任后自然而然经常温习的功课。

林则徐，这是叶名琛不能不时时揣摩的一位前任。这位前任，可谓是第一位在英国人面前雄起的大清官员，他主张严禁鸦片贸易，并下令收缴英商鸦片于虎门海滩一炬销毁，为此被朝野上下看作是“禁烟派”的代表；而对英国发动的鸦片战争，他积极组织海防，给来犯英军以迎头痛击，迫使英军不得不放弃对广州的攻击改向北去，为此在鸦片战争中又被朝野上下看作是“主战派”的领袖。然而，最后结果，由于清军在战场上的不断失利，清政府不得不与英国签订丧权辱国的《中英南京条约》等，割地赔款不在话下；而林则徐本人，虽获得了个民族英雄的美名，但最终却落得个充军新疆的悲剧下场。

——叶名琛不想做林则徐。

林则徐的后任是琦善，再后是耆英，他们在看待英国入侵的问题上与林则徐相反，他们竭力主和，不主张与英国人开战。琦善上任伊始便将林则徐设置在虎门和珠江口的炮台等几乎全部废弃（当然这也是英国人的要求），并签订了《穿鼻草约》等，耆英更是一口气签下了《南京条约》《虎门条约》、《望厦条约》和《黄埔条约》等，以一味的委曲求全换得了英国人进攻的暂时停歇；然后他们的“主和”却也在朝野上下引起了非议，人们将他们的所作所为看作与投降卖国无异，他们本人在世人眼中也几乎与卖国贼无异，可谓是身败名裂。琦善因签订《穿鼻草约》而在 1841 年 8 月被定为“斩监候”，带着镣铐离开广州，虽然最终没有执行，但那多半是因为他的满族贵族的身价的作用；耆英虽然也曾似乎红极一时，但 1848 年奉诏入京后，便为这一切付出代价了，官阶被一降再降，由封疆大吏降至“五品候补”，最后下场竟被道光皇帝以二尺白绫赐死（当然这是后话）。

——叶名琛当然也不想做琦善、耆英。

他事实上也做不了他们，或者说，他压根儿就没有做的资格和本钱。

叶名琛要在林则徐与琦善、耆英走过的道路间，找到一条属于自己的第三条道路。这让他想到了另一位前任——徐广缙。严格说来徐广缙应该说是他的同僚，叶名琛被任命为广东巡抚时，两广总督是徐广缙，事实上他便是徐广缙的“副手”。起初他也并不想像徐广缙那样，因为在他看来，徐广缙总督两广数年，但只会一味刷面糊把子，无政绩可言。叶名琛还年轻，在世人眼中，他“以翰林清望，年未四十，超任疆圻，既累著勋绩，膺封拜，遂疑古今成功者，皆如是而已”。但他深知自己一路走过来靠的是政绩，没有了政绩，他的政治生命便到了头。

叶名琛也深知这风光无限的两广总督的位置，实际上是一个政治坟场。那么，他该怎么办呢？

道光二十九年（1849 年），英国人再次派军舰闯入珠江口，提出践约要求（在此之前，耆英任两广总督时，曾答应英国人两年后答复，现在耆英虽然调离，但两年的期限到了），但是各种矛盾并没有解决，尤其是广州民众与英国人结下的仇怨并没有化解。聪明的徐总督此时干脆来了个顺水推舟，他一不做二不休，来了个发动群众走群众路线。他秘密召集诸乡团练，先后达到十多万人，让他们驾着小船围攻英船，明确宣告众怒不可犯。在徐广缙与英国人会谈时，英国人本准备把徐广缙滞留为人质，但是面对着齐声呼唤、气势震天、群情激奋的十多万民众，英国人害怕了，不但放弃了原计划，而且答应不再提入城之事。英国香港总督文翰照会徐广缙，表示愿重定通商专约，徐广缙趁机提出要将严禁英国人入城的意思写进约定之中。文翰害怕因此阻碍通商大局，竟也同意了这个要求。

整个事件的过程中，叶名琛作为广东巡抚，实际上是两广的“二把手”，自然是积极参与了策划和实施，并且似乎是以他们的胜利而告终，因此，当叶名琛和徐总督一起上疏时，道光皇帝得到奏报后大悦，并在随后的诏书中说：“洋务之兴，将十年矣。沿海扰累，糜饷劳师，近虽略臻安谧，而驭之之法，刚柔未得其平，流弊因而愈出。朕恐濒海居民或遭蹂躏，一切隐忍待之。昨英酋复申入城之请，徐广缙等悉心措理，动合机宜。入城议寝，依旧通商。不折一兵，不发一矢，中外绥靖，可以久安，实深嘉悦！”并封徐广缙一等子爵，叶名琛一等男爵。

此时，叶名琛似乎看到了在林则徐与琦善、耆英之间有一条“第三条道路”，事实也让他相信，只要沿着这条道路走下去，一定能既不会让洋人讨得便宜，也不会得罪他们；同时既能让皇帝高兴，也能让自己加官晋爵。

咸丰二年（1852 年），徐广缙被调剿办洪秀全太平天国去了，叶名琛于是实授两广总督兼通商大臣，两广大权集于他一身。至此他自然是踌躇满志，他坚信只要沿着自己设定好的这条第三条道路走下去，一定能达到自己的目的，至少能走出政治坟场。

他后来在写给道光皇帝的一份奏折中不无得意地写道：

默念与洋人角力，必不敌，既恐挫衄以损威，或以首坏和局膺严谴，不如听彼所为，善藏吾短。又私揣洋人重通商，恋粤繁富，而未尝不惮粤民之悍，彼欲与粤民相安，或不敢纵其力之所至以自绝也，其始终意计殆如此。

叶名琛设想的这“第三条道路”便是走群众路线，扬长避短地与洋人周旋。叶名琛沿着他自己设定的这“第三条道路”的确走出了相当远的一段。从 1852 年到 1858 年七年的时间里，广州这个本应该是随时会被引爆的火药桶，竟然在叶名琛的“总督”下一直没有引爆；不仅如此，这期间，他主政的两广地区，还成了清政府镇压太平天国等农民起义最大的饷银提供地（因为随着太平天国占领南京后，有着清政府“粮仓”之称的两江地区，实际上已被太平军控制）。

广州异常安静！

叶名琛异常得意！

然而，该来的终将要来，一切的一切！

咸丰四年（1854 年）广东爆发所谓“红兵”起事，20 多万人一起围攻广州，情况危急万分。然而此时，驻守广州的清军主力已调去镇压太平天国了，城内只有一万五千多人，但叶名琛别无选择，他仅以一万五千多兵勇守城，最终居然不仅守住了广州城，而且还将“红兵”逐出境外。凭借此“剿匪”业绩，叶名琛自然是再次获得了皇帝的表彰和信任，使得他在“总督”的位置上坐得更稳，但殊不知他的人生也就此种下了恶果——那因镇压农民起义而沾得满手的鲜血不但从此再也无法洗净，而且也事实上失去了日后走那自己设定的“第三条道路”所必须依靠的力量。

其实，对于广东发生的这一切，那蛰伏在香港的英国人、法国人等，无时无刻不在观望着。他们岂能永远蛰伏下去——这更是注定了的！

1856 年 10 月 8 日，一条“亚罗号”的小商船从澳门驶向广州，但是就是这条注定将驶进中国历史中的小船，也注定将改变叶名琛人生的航向。

叶名琛得到举报，“亚罗号”是一条虽在英国注册过的商船，但注册已过期两周，且船主和船员都是中国人，事实上是一条中国商船。这条商船上携带着大量走私物品正驶向广州。

船到广州，自然而然，水师总兵梁国定下令对“亚罗号”进行搜查，结果几乎一切皆如举报人所言。于是下令逮捕了船上的中国船员，并扣押船只。这一切可谓是再顺理成章不过的了。

然而，英国人硬说“亚罗号”属于英国，中方的行径“有污大英帝国尊严”，并就此提出一系列无理要求——此就是历史上著名的所谓“亚罗号事件”。事件爆发后，面对英国人的无理要求，叶名琛当然拒不接受。然而，叶名琛哪里知道，这一次英国人要的就是你不接受。

10 月 14 日，英国海军以此为借口掳去了一艘中国水师的官船。21 日，英军又在司令西马縻各厘的率领下，乘船攻击珠江两岸的炮台。至此，第二次鸦片战争爆发。

战争的结果众所周知，不必再提，自然是中国又是战败、签约、割地、赔款等，一切都不在话下。

再接下来又是人们一阵痛心疾首。

痛心疾首之余，总要问，这一切谁来负责呵？总得找出一个人来，否则这口气太咽下不去了，也太丢这个自以为是的泱泱大国的脸了，太没法向历史交代了！

于是有人想到，如果对那艘倒霉的"亚罗号"睁只眼闭只眼，英国人不是找不到借口了吗？因此，是叶名琛"惹火烧国"；"亚罗号事件"既已爆发后，如果叶名琛能与英国人周旋得再聪明些、更智慧些，至少不那么强硬、愚蠢，或许就不会有战争的爆发；英国人不就是要进城吗，你让他进就是了！更何况《南京条约》上都订好了的，你不让人家进来，不是你失理吗？总之，叶名琛对于战争的爆发可谓是罪大恶极。

战争于10月21日爆发后，英军真可谓是日下一城，一路势如破竹：

10月24日，英军攻占广州南郊凤凰岗等处炮台。

10月25日，英军占领海珠炮台、城郊十三行商馆区。广州全城，皆在英军炮火射程之内。

10月27日，英军司令照会叶名琛，要求入城，被拒后，英人对广州城实行间隔性炮击。

10月28日，英军炮击广州南城墙，至晚，城塌一缺口。

10月29日，英军百人从缺口处冲入广州，占领两广总督衙署。

——叶名琛如果更有办法一点，至少能顶住英国人的进攻为大清挣得一点面子也好呵！怎么这么窝囊！总之，在战争过程中，叶名琛也是罪无可赦！

因此，叶名琛成了对这一场战争负责的最好人选。也因此，他的坚韧成了固执，他的灵活成了狡猾，他的沉着成了无知，他的冷静成了麻木，他的无奈成了迷信，他的所有努力，都成了幼稚可笑，甚至他最终的绝食而死，竟也成了罪有应得……

然而，第二次鸦片战争的所有责任真的应该由叶名琛来负吗？两个国家间的这么一场战争，最后的责任真的是由一个个人能负得了的吗？

我们从小就听过一则寓言故事：一只在河流上游喝水的狼，想吃掉在下游喝水的一只小羊，借口竟是羊将狼的水弄脏了；尽管小羊一次次地指出了狼的借口的荒谬：一是你在上游，我在下游，只会你弄脏我的水，我怎么会弄脏你的水呢？二是你又说去年我曾在上游，但去年我分明还没出生呵！但这一切都没用，最终一点也不影响狼吃掉小羊，因为借口总不难找到，那就是去年不是你就是你爹妈！

"亚罗号事件"的确是第二次鸦片战争的一个导火索，但那些指责叶名琛对这一事件处理的人们，他们恐怕忘记这一个寓言故事了！

其实，在"亚罗号事件"发生前后，叶名琛对事件的处理并无多大过错，这如同那则寓言中的小羊并无过错，并且对狼的借口的驳斥有理有节一样。对此，一个外国人当时就看得十分清楚，他在"亚罗号事件"引发战争两个月后，就写了《英中冲突》一文，以社论形式刊登于1857年1月23日的《纽约每日论坛报》上，不但充分肯定了叶名琛处理亚罗号事件过程中，从纯粹的外交手段上而言，做到了有理、有利、有节，他明确指出说："全部事件过程中，错误在英国人方面……确实，这个中国人如此令人信服地把全部问题都解决了。"后来他又在另一篇题为《英人在华的残暴行动》中，更明确地称赞叶名琛说：

> 叶总督有礼貌地、心平气和地答复了激动了的年轻英国领事的蛮横要求。他说明捕人的理由，并对因此而引起的误会表示遗憾，同时他断然否认有任何侮辱英国国旗的意图。……中国官吏心平气和，冷静沉着，彬彬有礼。

这个外国人不是别人，他就是马克思。

因此，我们完全可以说，在“亚罗号事件”中，叶名琛和他所代表的清王朝，实际上注定了与寓言中那只小羊的命运是一样的，任凭你做得再怎样好也没有用；甚至完全可以说，即使没有这“亚罗号事件”，对于英国人来说也不要紧，他们一定会再弄出个什么别的“事件”来的，因为这只是找出一个借口而已——什么时候侵略者要找一借口是个难事的？这只是一个开头，随后“马神甫事件”也一样，甚至再后来的“九·一八事变”、“七·七卢沟桥事变”等等，都一样！其背后真正的原因只有一个，那就是侵略者与狼一样，它太强大了。因此，那些指责叶名琛对“亚罗号事件”的处理的人，无疑是在小羊被狼吃掉后，指责小羊对狼的借口的驳斥还不够智慧一样荒谬。

战争爆发后，叶名琛的确事实上始终遵循着他的所谓“六不”方针，即“不战不和不守，不死不降不走”，这也是他历来遭人诟病的地方。然后我们在指责的同时，也要看到他背后实际上也有着太多的无奈！

他是“不战、不守”，但他的“不战、不守”不是不想战、不想守，是他拿什么战，拿什么守呀？战争爆发时，不要说广州，整个大清的所有精锐部队都几乎在江浙一带与太平军作战，而广东的财力又基本已经在镇压太平军的战争中消耗殆尽。叶名琛可谓是面临着无兵可出、无险可守、无钱可用的尴尬局面。有人可能会说，叶名琛不是有过以一万五千人击败过二十万“红兵”的奇迹吗？你为什么不能再创造一次以少胜多的奇迹？但那现代化武装到牙齿的英军是那“红兵”能比的吗？说这样的话的人，我不知道他说这话时腰疼不疼？还有人说，当初叶名琛不是与徐广缙一起通过发动群众，吓退过英军吗？为什么不再来一次？然而上面我已经提到，至此已今非昔比：叶名琛曾为朝廷多次镇压农民起义军，若要发动群众，他们便正是发动的对象——叶名琛还能发动得了吗？总之，事到如今，叶名琛有着太多的无奈。

太多无奈中，叶名琛只好去求仙扶乩寻找帮助。这在我们今天看来实在是一种迷信行为，甚至他摆空城计，也是无知的、愚蠢的和可笑的，但或许这也并非什么十恶不赦，至少是我们不应该对此过多的指责，如同我们不应过多地指责林则徐因看到英军"正步走"后便从此认定英国人的腿都是真的不能弯曲一样——我们能原谅林则徐的无知，为什么就不能原谅叶名琛的无知呢？

他是"不和、不死"，并不是他不想和，而是因为他清楚，所谓的"和"即丧权辱国；他也并不是不想死，最后的事实也证明了他并不是怕死，而是"将以有为也"。据有关史料显示，叶名琛起初是把自己的被俘当成是可以晋见英国君主的契机；他在被俘之初不自杀，是要留下一条命，向英国君主阐明大中华的和平意愿，并借机去反问英国君主。叶名琛后来对随他而去加尔各答的仆人明确地说明了这层意思："我之所以不死而来者，当时闻夷人欲送我到英国。闻其国王素称明理，意欲得见该国王，当面理论，既经和好，何以无端起衅？究竟孰是孰非？以冀折服其心，而存国家体制。彼时此身已置诸度外，原欲始终其事。"

如果叶名琛仅有这样的话，或许谁也不会相信他说的是真的，但最后的事实是，他在知道自己不可能有前去英国当面质问英国君主的机会了，并且"所带粮食既完，何颜食外国之物！"后，便毅然绝食八日身亡。至此，你觉得他欲与英国女王的"当面理论"迂腐也好，天真也罢，但是你不能不承认，他的"不死"并不是怕死而欲苟活。

至于他"不走、不降"也是事实，但"不走、不降"本身有什么错吗？难道"走"才对，"降"才好？不错，战争后期，连皇帝也"走"了，这才让英法联军一把火烧了圆明园，相比之下，叶名琛的这"不走、不降"也的确显得有点迂腐和可笑。但是我相信，善良而正义的人们呵，这样的笑，一定会笑出眼泪的吧！

那年，我在广东虎门参观“虎门销烟纪念馆”时，见馆内有一块“节马碑”。

这块碑看似寻常，巨大石碑上只刻有一匹骏马，然而讲解员却为我们讲述了一个生动而感人的故事。当沙角炮台被英军攻陷后，三江副将陈连升的战马落入了敌手，而此马竟绝食而死，时人有诗云：

逆夷牵向香港中，悲嘶首北难朝东。
抚摸叫跳跨摇堕，侧目疾视仇雠同。
贞操耻食夷人粟，只受吾华刍一束。
忍饥忍痛骨如柴，山下采薇犹自辱。

我曾在“节马碑”前深深地感动，并且事后我还在一篇文章中特意写下了“马且如此，人更何况！”的话，其实我这句充满感慨的话便是因为叶名琛而写下的，因为同样绝食而死，叶名琛作为一个人，在历史上获得的评价，竟然还不如一匹马。我们为马树碑立传，称它为“节马”，但叶名琛的坟墓我至今不知道在何方——这并不是我没去寻找，而是我从各种材料上寻找多年一直没能寻得；更从没人称叶名琛是“义士”，相反，对他似乎还竭尽了戏谑与贬抑，这实在有失公允。

那么何以如此呢？

尽管我的这篇“后记”写得更像是一篇所谓的“论文”了，且对于一些细节书中都有已有叙述，但我忍不住在此再为读者将当时的事实理一理，也补充交代一些叶名琛被俘后甚至死后发生的事情，因为这些事情出于传纪体例地要求难以在书中细说。

英法联军攻下广州后，对于他们来说最要紧的事情自然而然有两件：一是防止对手反攻，巩固战争成果；二是尽快稳定社会秩序。当然掠夺所有在他们看来有用的一切，也是一件要紧的事情。

1858 年 1 月，英法联军在劫掠叶名琛的督府之时，“缴获”了装有耆英、徐广缙和叶名琛等任职时在广州办理“夷务”的许多奏折、谕旨和皇帝对外交条约的批复原件等，这些东西被装在一只只所谓的“黄匣”中。正是这一切，不但使英法侵略者洞悉了清朝对待“夷务”大体政策，也让他们了解了谁是真正难以对付的对手——在他们看来，叶名琛算一个。

1858 年 1 月末，额尔金在写给葛罗的一封信中，不无忧虑地写道：“不少人对我谈及一个不能掉以轻心的问题，他们都说，叶留在广州会使人心不稳，给重新回复秩序和信心带来困难……显然，把他送到海峡殖民地去是不行的，因为这些地区大多数居民都是中国人。”

由此我们不难看出两点，一是英国人认为叶名琛虽然被捕，但仍具有“危险性”，似乎是一颗定时炸弹；二是英国人为什么要将叶名琛关押至加尔各答，因为怕他被中国人劫去，以他为旗帜，组织力量再次与他们决战——在这方面英国人是有过教训的——拿破仑在 1814 年首次被俘后，英军曾把拿破仑关押在地中海的厄尔巴岛上，但在 1815 年 3 月，拿破仑没费多大工夫就逃离了该岛回到法国，并一路应者云集，不到几天便集结大军几十万卷土重来。英国人把叶名琛当作了东方的拿破仑了。由此我们不难看出叶名琛在广东无论是政府中还是民众中，都有着较高的威望，这也反过来证明，他执政期间并不真的是一个窝囊废。

然而，中国不是法国，这便注定了叶名琛不会成为拿破仑！

书中已有叙述，咸丰帝在得知叶名琛被俘之后，既没有采取任何营救措施，也没有通过交换战俘等战争惯常手段来搭救叶名琛，反而发布了这样一道圣旨：

叶名琛办事乖谬，罪无可辞，惟该夷拉赴夷船，意图挟制，必将肆其要求。该将军署督等可声言：叶名琛业经革职，无足轻重。使该夷无可要挟，自知留之无益。……著即传谕各绅民，纠集团练数万人，讨其背约攻城之罪，将该夷逐出省城。倘该夷敢于抗拒，我兵勇即可痛加剿洗，勿因叶名琛在彼，致存投鼠忌器之心。该督已辱国殃民，生不如死，无足顾惜。

我这里之所以要将这道圣旨不厌其烦地照抄，就是要让读者细细地看一看，这样的一道圣旨，即使今天读来是怎样的让人心寒！因为害怕敌人以叶名琛做人质要挟清朝政府，清政府不但抢先罢免了他的一切职务，而且还给他安上了一系列的罪名，并与此同时要两江总督府通知英方说，叶名琛现在已成为一介草民和罪人了，其生死皆与清政府无任何关系了。此目的明眼人一看便知只有一个，那就是让对方觉得留着没什么用了。这不能不让人们想到楚汉相争时的一个小故事：项羽将刘邦的父亲捉来要挟刘邦时，刘邦说过的一段尽显其流氓无赖嘴脸的话："吾翁即若翁，若必烹尔翁，辙幸分我一杯羹。"不仅如此，圣旨上还明明白白地写着，要清军与团勇在与英军作战时，不要因顾及叶名琛，不要因为叶名琛在他们手上而有投鼠忌器之忧，因为他已变成了一堆垃圾了，尽可"无足顾惜"。这一切，让我们将清廷比之当年的刘邦，其流氓无赖之程度实在是有过之而无不及。

叶名琛从大清国的一员干臣，一下子成了一堆垃圾、一堆为人所不齿的臭狗屎，这也正中侵略者的下怀，因为他们也正巴不得搞臭叶名琛，以断了广州人期待和拥戴他的念头，从而好建立和巩固他们的殖民统治。因此，可以说，叶名琛的被扭曲，被矮化，被丑化，被妖魔化，实在是中方统治者与外国侵略者一次不约而同的联手的结果。只是可怜了叶名琛，他对此并不知道，还要为他的主子心甘情愿地殉葬。

叶名琛走上了开往加尔各答的英国军舰，上船前命仆人从家中自带干粮。途中他虽因海晕而呕吐不止，但仍然正襟危坐，不哼一声，为的是不失大清官员的架子。在被掳海外被迫辗转的一年多时间里，叶名琛一直自命为"海上苏武"，以自明不忘祖国之志；偶尔通过翻译从印度报纸中获得有关中英战争的信息，总十分关注，每得到不利于清朝的战况消息，常击节叹息；若中国获得小胜，则喜形于色。在吃完了从家中携带的食物之后，便决定效法古之伯夷与叔齐，不吃异乡粟米，最终于1859年绝食而亡。英方在叶名琛的棺木外裹以铁皮之后，将之运回广东。对于这一切，在一些不明真相的（甚至包括明真相的）看客与帮闲的眼中实在可笑，于是他们看笑话的看笑话，说怪话的说怪话，如此一来，也自然而然地为这场矮化和丑化叶名琛的运动推波而助澜，以致最终形成合力，将作为一个历史人物的叶名琛彻底地漫画化了。

但毕竟也有明眼人和执言者，可他们出于对中国社会历来就是积毁销骨，众口铄金的社会现实的惧怕，其执言的声音多采用“曲笔”和“隐语”，所以这样的声音显得太弱太小。如其旧部华廷杰和陈兰甫，就曾为叶名琛写过这样的挽联：

身依十载春风，不堪回首；
目断万重沧海，何处招魂。

公道在人心，虽然十载深思，难禁流涕；
灵魂归海外，想见一腔孤愤，化作洪涛。

这样的声音虽然很弱小，但毕竟也是一种声音，且它随着时间的推移似乎有显得越来越大的趋势。就这样，叶名琛作为一个生命已死去，但谁也没想到，一个多义的历史人物即就此诞生了。

十多年前，我在故乡参加编修地方志时，为了尽量多搜集一些叶名琛的资料，曾设法联系了一批叶氏后人，我从他们身上发现了一个奇怪的现象，一是他们今天多散落在海外，二是多数在经商为生为业，也有为学的,当然也有为政为官的,但不再有原来那么热心了,似乎他们做官的主要目的只是为了给自家的生意保驾护航。这一现象也许只是偶然,但我还是忍不住想,叶氏后人们是不是曾从自己这位官至两广总督的先辈身上看出了为政为官的太多风险和太多无奈,也不再对他曾供职和效忠的这个朝廷有应有的信心,便不愿再为它卖命了?

有时候,我也怀疑自己是不是因为叶名琛也算是自己的老乡而拔高了他,甚至虚构出了另一个叶名琛。为此,我一直在这一历史的角落寻寻觅觅。但随着我的寻觅,我又越来越相信自己已走近了真实的叶名琛,发现他人生的多义实际上是并不需要我“发现”和“论证”的,而是早就注定了的。

晚清的两广总督,常兼通商大臣,实际上相当于兼了今天的外交部部长和外经贸部部长,就这一点来说叶名琛等实际上有点相当于今天有的国家所设的外相,即叶名琛也可算是中国最早的一代外交官。

然而闭关了几千年的中国,实际上是并没有真正的外交的,它一直以“老大帝国”自居,从来就没有用平等的眼光和心态看待过和对待过任何别的国家,即使到了鸦片战争后,大门已被人家用大炮轰开了,但是制定的外交政策还是不乏居高临下意味的“俯顺夷情,以示限制”,并将它始终作为外交总方针。

这一方针看起来是两全其美——一方面“俯顺夷情”可以保证稳定“中西相安”的局面,另一方面“以示限制”也可维持国体,使大清封建体制免受西方“蛮族”的破坏。但是实际上,这只是一种一相情愿,其无异于“又要马儿好,又要马儿不吃草”,本身就是一个天大的悖论——如果执行“俯顺夷情”这一目标,必然意味着清政府要对西方国家作让步和妥协,而这又必然导致清政府对固有的外交传统有所改变,从而难以做到“维持国体”;但如果要“维持国体”,又必然意味着清政府将实行与西方对抗和不妥协的政策,这又难免导致中西冲突,从而又与“俯顺夷情”相矛盾,并打破“中外相安”的局面。正是因为清政府外交政策中的这一难以克服的悖论，使得这个“两广总督”几乎是一个“死官”，那两广部督府也似乎成了一座政治坟场。

林则徐无疑是以“以示限制”为优先的，但事实证明行不通，因为你根本就限制不了人家的坚船利炮。琦善、耆英等无疑是以“俯顺夷情”为优先的，但事实证明也行不通，因为人家的胃口永无满足。而叶名琛想走第三条道路，即在二者之间保持一种平衡，但事实证明也是行不通的。

我这里这样说，似乎将林则徐放在了与琦善、耆英、叶名琛们相提并论的地位，这可能会让许多人不舒服和不能接受，因为林则徐在当世和后世的一般人心目中，是一位空怀爱国抱负和拥有制敌良策但无施展机会的跨越时空的民族英雄，以至于许多人认为清政府在鸦片战争中的失败，仅仅就是因为没有大力任用林则徐们。其实这种认识只是基于林则徐的个人道德的层面来看的。林则徐从个人道德层面上来看，他公正、无私、严明，这些都是毋庸置疑的，但仅有这些就可以退敌了吗？除了那些迂腐的儒生，恐怕谁都会知道答案是否定的。正是基于这一点，著名历史学家蒋廷黼分析说：“林不去，则必战，战则必败。败则他的声名或将与叶名琛相等”。因此，林则徐也好，琦善、耆英也好，叶名琛也好，他们的失败是注定了的。

但是林则徐由于过早地被罢免了职务退出了历史舞台，按他想法走下去究竟会怎样，似乎还没完全见底，还留有一定的悬念，这让人们在他身上不由得寄托了无尽的遐想，尽管蒋廷黼们作出了那样的推测，甚至有人更明确说：“如果被重新启用的林则徐能继续得到道光信任，不被‘革去四品衔，（与邓廷桢）均从重发往伊犁效力赎罪’，他于1841年6月到达定海之后并由他来主持收复浙江失地的抗英军事行动，奕经失败的命运会很快落到他的身上；如果林则徐在1850年10月被任命为镇压广西农民起义的钦差大臣后，不在赴任途中病逝于广东潮州普宁，他很快便会蹈其后被任命为钦差大臣的李星沅、赛尚阿的失败覆辙。”但这毕竟只是一种推断，并不妨碍人们在他身上寄托无限美好的遐想，所以林则徐终究成了毫无异议的民族英雄。琦善们的梦想也很快被人家的大炮轰得粉碎，结果自然也见了底，所以他们在世时便几乎已身败名裂了，似乎成了民族罪人，他们的人生也就并不显得复杂。复杂的只有这个叶名琛，且他的复杂性是注定了的，因为他从一开始就选择了一条复杂的道路，且这条道路又是在清政府设定的这样一个充满了矛盾的外交政策的崇山峻岭之中盘旋。

因此，若以成败论英雄，无论是林则徐，还是琦善、耆英，还是叶名琛，都不算英雄；若从个人道德的角度来考量，琦善、耆英们暂不值论，但是既然林则徐值得肯定，那么叶名琛也不能完全否定，至少他的饿死，也应该算是民族气节的一种显现，其精神和意义无论如何不可能不如一匹马的饿死吧！

我当然知道，叶名琛所有的是非、荣辱，绝不会因为我的这么一句轻轻的诘问而被厘清，也不会因为我这么一本利薄薄的小书而被厘清，或许在很长的一个历史阶段，他的人生仍将成为一个多义的历史命题而存在着，或许永远也不能被厘清，但好在注定他人生多义的那个时代已经过去。而我在今天要重提这个叶名琛，目的只有一个，这就是，让我们将历史的荣辱交给历史，将生活的关注交给生活！

本书引用了一些有关的书籍与资料，多数是在书中作了注明；但有些地方只是对关书籍和资料的有关内容和观点作了些参考，无法一一注明，在此向这些书籍和资料的作者表示感谢。还要感谢感谢我的朋友潘惠敏君，他多年前曾集中搜集了许多有关叶名琛的资料，为了我的这次写作，他把他搜集的这些资料都无偿地转给了我；在此我也向当年给过潘惠敏资料的朋友致以深深的谢意。还有我的老同事张仁才兄，他多次为我联系武汉《长江日报》工作的老乡王侃先生，请他为我搜集和核对了有关资料，并拍摄了部分插图，在此也谨向仁才兄和王侃老乡一并表示感谢。

最后还要感谢老同学朱卫国君在百忙中为之赐序，感谢百花文艺出版社，在本书的写作之前就曾给予我积极的鼓励，写作过程中不断给予关注，成书之后又及时出版，使它早日问世。

由于本人非历史专业出身，水平有限，书中定存在不少错误之处，欢迎广大读者批评指正。

作者

2011 年 3 月 20 日